本书受国家自然基金项目支持（项目编号：72374184）

|"数字经济与大数据"系列教材|

智能媒体管理

任锦鸾　黄　锐　杨青峰◎著

中国传媒大学出版社

·北京·

图书在版编目(CIP)数据

智能媒体管理/任锦鸾，黄锐，杨青峰著. -- 北京：中国传媒大学出版社，2024.12
ISBN 978-7-5657-3577-6

Ⅰ．①智… Ⅱ．①任… ②黄… ③杨… Ⅲ．①智能技术—应用—传播媒介—研究 Ⅳ．①G206.2

中国国家版本馆 CIP 数据核字(2024)第 023261 号

"数字经济与大数据"系列教材

智能媒体管理
ZHINENG MEITI GUANLI

著　　者	任锦鸾　黄　锐　杨青峰
策划编辑	裴向敏
责任编辑	裴向敏
封面设计	闰江文化
责任印制	李志鹏

出版发行	中国传媒大学出版社		
社　　址	北京市朝阳区定福庄东街 1 号	邮　　编	100024
电　　话	86-10-65450528　65450532	传　　真	65779405
网　　址	http://cucp.cuc.edu.cn		
经　　销	全国新华书店		
印　　刷	艺堂印刷(天津)有限公司		
开　　本	787mm×1092mm　1/16		
印　　张	10		
字　　数	189 千字		
版　　次	2024 年 12 月第 1 版		
印　　次	2024 年 12 月第 1 次印刷		
书　　号	ISBN 978-7-5657-3577-6/G·3577	定　　价	45.00 元

本社法律顾问：北京嘉润律师事务所　郭建平

目 录

第 1 章 智能媒体的起源 ／1
    1.1 媒体演化理论 ／1
    1.2 媒体形态演化动力 ／3
    1.3 媒体演化简史 ／5
    1.4 智能媒体的崛起 ／10
    1.5 本章小结 ／10

第 2 章 智能媒体的概念、特征和关键技术 ／12
    2.1 媒介、媒体与传媒 ／12
    2.2 智能媒体的界定 ／15
    2.3 智能媒体的特征 ／21
    2.4 智能媒体的关键支撑技术 ／23
    2.5 本章小结 ／26

第 3 章 智能媒体业务流程管理 ／30
    3.1 智能技术驱动的媒体业务变革 ／30
    3.2 智能媒体业务流程特点 ／32
    3.3 智能媒体业务流程管理模式 ／33
    3.4 传统媒体被嵌入智能技术后的业务流程变革 ／41
    3.5 本章小结 ／49

第 4 章 智能媒体人力资源管理 ／51
    4.1 智能媒体人力资源管理的特点 ／51

4.2 智能媒体人力资源管理流程 / 53
4.3 智能媒体生态的人力资源管理 / 57
4.4 智能媒体人力资源管理案例 / 57
4.5 智能人力资源管理解决方案 / 59
4.6 本章小结 / 67

第 5 章 智能媒体财务管理 / 69
5.1 智能财务管理的概念和特征 / 69
5.2 智能媒体财务管理的概念和特征 / 75
5.3 智能媒体财务管理体系 / 77
5.4 智能媒体财务管理平台核心模块 / 83
5.5 智能财务管理软件平台 / 92
5.6 本章小结 / 102

第 6 章 智能媒体资产管理 / 105
6.1 智能媒体资产的概念和类型 / 105
6.2 智能媒体资产管理基础平台建设 / 111
6.3 智能媒体资产管理业务流程 / 117
6.4 智能媒体资产管理系统 / 123
6.5 本章小结 / 129

第 7 章 智能媒体成熟度评估 / 131
7.1 成熟度与成熟度模型理论 / 131
7.2 智能媒体成熟度指标体系 / 134
7.3 智能媒体成熟度评估模型 / 142
7.4 智能媒体成熟度评估案例——智能广电建设成熟度评估 / 143
7.5 本章小结 / 151

参考文献 / 152

附录 开放性编码结果 / 153

第1章　智能媒体的起源

1.1　媒体演化理论

1.1.1　人性化趋势理论

从《人类历程回放:媒介进化论》开始,保罗·莱文森致力于提出一个一般原理,以预测媒介的未来演化。他指出,媒介进化不取决于任何别的因素——复杂程度、技术含量、轻重美丑,而是完全由人的需要主宰,"人决定媒介的演化——哪些存活,哪些落到路边,哪些命悬一线,哪些如日中天"①。媒介的进化不是自然选择,而是我们人的选择——也可以说是人类的自然选择。围绕上述论断的一系列观点被称为人性化趋势理论②。根据这个理论,媒介演化过程中的选择越来越支持"前技术"的人类传播模式,形式上和功能上都是如此。这个理论与麦克卢汉媒介观中充满活力和人性的成分是非常契合的。

人性化趋势理论的核心观点包括:媒介以达尔文进化论的方式演进,人创造媒介(显然如此),而且选择媒介(用达尔文的话来说,就是选择环境)。人类选择媒介通常有两个标准:①人类凭借媒介来扩大传播,以求超越耳闻目睹的生物学局限,这一点事实上重申了麦克卢汉的传播论③;②人类在早期的传播中,可能已经失去了某些生物学传播成分,而我们想要重新捕捉这些昔日的传播成分。换句话说,我们渴望从印刷媒介、电子媒介和数字媒介的渐次演变过程中感受到人性化趋势的力量。

---

① 莱文森.手机:挡不住的呼唤[M].何道宽,译.北京:中国人民大学出版社,2004:120.
② 莱文森.数字麦克卢汉:信息化新纪元指南[M].何道宽,译.北京:社会科学文献出版社,2001.
③ 麦克卢汉.理解媒介:论人的延伸[M].增订评注本.何道宽,译.南京:译林出版社,2011.

1.1.2 补救性媒介理论

莱文森以人性化趋势为出发点,提出补救性媒介理论[①],认为整个的媒介演变进程都可以看成补救措施的实现过程。互联网是一个很好的例子,可以看成补救性媒介,是对报纸、书籍、电台和电话等媒介的改进。互联网除了解决以往传播缓慢、内容丰富度不足的问题,还让大众非常便利地参与到传播活动中,让每个人能够分享想法,促成思想共鸣。

媒介的每一次变革都是进步与缺憾的共生。对缺憾的弥补会产生进步,而每一次进步又会产生新的缺憾。莱文森以"窗户"为例说明了媒介在不断"补救"中向前发展的过程,为补救性媒介的进化这个最有教育意义的"演出"拉上了帷幕。当窗帘与窗户结合在一起时,遂了所有居民的心愿——能够看到外面,又不被窥视者骚扰。

过去 30 年当中,数字媒介补救了报纸、电视等传统媒介在时空偏向、感官偏向、内容丰富度、传播效率、传播质量等方面的不足,融合了人际传播、组织传播和大众传播,使人类传播更加接近自然状态。数字媒介改变了人们的生活方式,把信息的生产和交换变成了人们生活的基本需求,生产者和消费者融合、互动实现了去中心化传播。数字媒介的人性化趋势、补救性质及其新特性是改变人们生活方式的基础,但与此同时,其带来新的问题,从而促使媒介进一步演化。按照补救性媒介理论的观点,智能媒介是对数字媒介存在问题的补救。

1.1.3 信息过载理论

罗伯特·K.洛根把媒介、技术与语言对比,认为三者具有互换性,从而提出全新的媒介演化理论——信息过载理论[②]。主要观点包括:语言、技术和媒介有一定的互换性,语言既是技术又是媒介;技术是媒介,还可以被认为是语言,因为它既有词汇又有句法;媒介是某种技术形式,在一定程度上也是语言;如果把语言看作传播和信息的集成,新语言形式出现的原因是信息超载的复杂性,由此产生的新语言是新兴的现象,因为它们含有新的属性;从过去的语言中我们无法推测、推导或还原这些属性;每种语言在出现时,都处在一个新的层级,都是回应信息超载的结果,而信息超载是在使用较早的那些语言的过程中产生的。

到互联网为止,共有 6 种语言:言语、文字、数学、科学、计算、互联网。也有研究者

---

① 莱文森.数字麦克卢汉:信息化新纪元指南[M].何道宽,译.北京:社会科学文献出版社,2001.
② 洛根.理解新媒介:延伸麦克卢汉[M].何道宽,译.上海:复旦大学出版社,2012.

指出,尽管互联网整体上可以看作一种语言,但在实践中存在多种具体的语言形式,微博、微信、短视频、互联网新闻都可以认为是不同的语言,具有不同的词汇和语法。智能媒介可以看作一种全新的语言,它可以用来解决数字媒介存在的信息过载问题。

尽管媒介不断演化,但旧媒介并不会消亡。麦克卢汉认为,旧媒介是新媒介的内容,莱文森认为,新媒介会补救旧媒介的不足。洛根则认为,新媒介并不是对旧媒介的补充,但也不会让旧媒介得到安宁;它永远不会停止对旧媒介的压迫,直到它为旧媒介找到了新的形态和地位。

1.2 媒体形态演化动力

与媒介演化理论关注人类历史长周期媒介技术演化的宏大图景不同,罗杰·菲德勒更加关注短周期的媒介形态变化,更加关注综合性的、具体的动力机制。他认为,媒介形态演化是由可感知的需要、竞争和政治压力,以及社会和技术革命的复杂相互作用引起的。媒介环境学认为,媒介和技术存在等价性,任何新技术都可以看作一种能够塑造新环境的新媒介,因此,技术创新也是媒介形态演化的主要动力。总体上,本书把媒介形态演化动力归纳为以下4个方面内容。

1.2.1 新技术的不断涌现

不断出现的新技术无疑在媒介形态演化过程中发挥了巨大作用。约翰·古腾堡发明了活字印刷技术,使报纸、书籍成为新媒介形态,信息成为商品,传播权利也被重新分配。报纸发展早期是政治宣传的工具,而后期成为社会大众获取信息的主要来源。随着电力技术、电子技术、无线电技术的出现,电报、电话、电影、广播和电视成为比印刷媒介更新的媒介,人们能够快速获得更加丰富的信息内容,但传播权利也因媒介技术的资本依赖被进一步垄断,专业化的媒体组织(如电话公司、广播公司、电影公司和电视台)大量出现。不仅是传播端,为了获取信息,大众也必须购买新的媒介终端来满足自己的需求,如电话、收音机、电视机等。随着计算机和网络技术的发展,Web1.0、Web2.0等系列数字媒介兴起,新闻网站、博客、微博、微信、短视频、网络直播等新媒介迅速吸引了大量用户,"网上购物、人人直播"已经成为人们的生活方式,社会阶层结构、组织形态也发生了巨大变化。基于数字媒介,人们打破了传统媒介机构的垄断,形成了新的传播权利体系。

近年来,随着物联网、人工智能(Artificial Intelligence,AI)、无人机等的崛起,媒介形态也发生了变化,智能媒介成为新的媒介形态演变方向。尤其是人工智能,它与内容采集、内容生产、事实核查、内容推送、用户服务等媒体生产、价值创造环节结合,改变了媒介形态和传播过程。例如,《华盛顿邮报》推出的聊天机器人 FeelsBot,它能够在社交平台抓取用户情感偏向信息,并以此为基础生产大量新闻产品。物联网和无人机是另外改变媒体价值链的重要技术工具。现在,无人机已经成为媒体机构重要的视频素材传感器,是可视化新闻产品的重要素材来源。无人机的应用不仅仅提升了人们的工作效率,更重要的是给人们带来了全新的感知视角,进一步延伸了人们的视觉体验。

1.2.2　个人需求和社会需求

新技术激发新需求,新需求促进技术创新,媒介技术与媒介需求之间存在紧密的互动关系。新媒体不但能够强化人的传播模式,而且能够在一定程度上激发新的需求。莱文森认为,媒介的存活条件是满足人的需求,即看它是否能够满足人们心里存在的认知需求和其他需求,也就是说,要看它是否能够给人提供生物学意义上的需要,看它是否能够长期起到社会促进的作用。

罗杰·菲德勒从社会需求的角度指出,推动媒介技术发展的加速器是相互交织的各种社会需求,这些需求推动了社会与技术之间的互动发展。媒介演变的社会需求包括公司的需求、其他技术的需求、管理和法律行动、一般社会力量等方面的内容。社会需求的力量和具体内容当然能够从人性化趋势理论、补救性媒介理论与信息过载理论中得到阐释。不管哪方面的社会需求,都可以理解为人性化、补救性和超越信息过载的具体内容。

1.2.3　竞争与社会环境压力

竞争促进媒介技术不断创新,加速媒介形态演变。媒介互相竞争,争夺人们的注意力。新媒介能否存活,最终要看它是否能满足人的需求。另外,新媒介技术的发展并不是孤立的,不能认为是社会需求和技术供给的简单碰撞,社会、政治和经济上的力量也在这个过程中扮演着强有力的角色。罗杰·菲德勒指出,各种发明和革新被广泛采用并不仅仅取决于技术上的优势,新技术的开发总是需要机遇,以及社会、政治或经济上的刺激因素。

1.2.4　社会和技术革命的复杂相互作用

媒介形态、传播方式及社会环境总是交织在一起,共同前行。媒介的形态蜕变往往会拓宽它的生存和传播空间,新的传播方式也会改变媒介环境,改变人的生活形态。新的媒介形态代表着新的生产力,从媒介形态发展规律及趋势可以预见社会的走向和未来远景。简而言之,新媒介形态是社会和技术革命复杂相互作用的最终呈现。

正是由于社会和技术革命之间相互作用的复杂性,媒介形态演变才不可能一蹴而就。从技术扩散规律出发,罗杰·菲德勒提出媒介形态演化的30年法则:第一个10年,新媒介技术出现,人们对它有许许多多的兴奋,也有许许多多的迷惑,总体上它还没有广泛渗透;第二个10年,新媒介开始向社会各个领域渗透,其中存在许许多多的潮涨潮落现象;第三个10年,新媒介技术被称为一种标准技术,在全社会范围得到普及①。

1.3 媒体演化简史

1.3.1 前传播时代

史前阶段晚期,从公元前60000年到公元前10000年是前传播时代。

模拟式传播时代的媒介包括前言语的声音,以及手势、面部表情、体态语等。这些传播现象是类人猿现象,还是智人现象呢? 一些已有的研究成果表明,模拟是由人类言语演化而来的传播形式。洛根认为,口语里包含了模拟式传播的退化层,也就是手势、面部表情、体态语和声韵。现代文化里也被嵌入了退化的模拟式文化,现代人类心灵的整体架构里被嵌入了模拟式心灵。

1.3.2 口语传播时代

口语传播时代是从公元前10000年左右人类会说话起到距今5000年文字滥觞止。

麦克卢汉提出,前文字文化或口语文化的感知受听觉和触觉的支配,在这种状态下,信息是在真实时间里被同步处理的。

洛根在沃尔特·翁口语文化两个分期的基础上提出口语文化的三阶段论:原生口语文化、次生口语文化和数字口语文化。次生口语文化是从电力媒介(如电话、广播、电视)中产生的口语文化。所谓数字口语文化,就是在电子邮件、短信等数字媒介中使用的口语形成的文化②。

---

① 菲德勒.媒介形态变化:认识新媒介[M].明安香,译.北京:华夏出版社,2000.
② 洛根.理解新媒介:延伸麦克卢汉[M].何道宽,译.上海:复旦大学出版社,2012.

口语文化偏向听觉,而书面文化偏向视觉,视觉有抽象、线性、客观、祛魅等特征。沃尔特·翁把触觉置于靠近视觉的一段,而麦克卢汉把触觉和听觉并提。沃尔特·翁更加看重口语的时间性特征及其与记忆的关系。口语文化的要害在于没有什么外在的设备能够固定记忆。口语文化得到传承的内容往往带有强烈的节奏感,富含重复和要领、别称和套语以及大量的箴言。

麦克卢汉认为,口语和文字的差异正是声觉空间和视觉空间的差异。

伊尼斯认为,在时间偏向的社会里,沃尔特·翁认为的原生性口语传播形式具有强烈的民主倾向,它对所有人都一样,是非集中化的媒介。

1.3.3 书面传播时代

书面传播时代是指从 5000 年前文字的发明到电能的发现及电报的发明这一阶段。该阶段的关键事件见表 1.1。

表 1.1 书面传播时代的关键事件①

时间/年	事件
1445	约翰·古腾堡发明金属活字印刷技术
1640	剑桥出版社发行了第一本书
1690	本杰明·哈里斯出版了英属殖民地的第一份报纸——《国内外公共事件报》

口语和文字的差异正是声觉空间和视觉空间的差异。口语延伸声觉,而用文字延伸视觉。言语交流时,各个感官是联动的,但文字书写和阅读时,人与人、感官和感官之间没有联动,反而分离才好。文字媒介中,作者和读者是相分离的。书写和阅读要求人准确地说,要求人的视觉从充满联系和丰富多彩的世界中抽离出来,进入一个封闭的、单调的、独立的、空洞的和静默的空间。

在书面文化社会里,信息是人们动用视觉去阅读来获取的,这养成视觉偏向,信息的处理呈线性序列,一次一事,书面词的获取也呈现同样的模式。因此,书面文化人在视觉空间里运行,视觉偏向始于非拼音文字,字母表出现后加重,印刷机被发明后更为严重了。

关于时空偏向,英尼斯指出,莎草纸和羊皮纸帮助人们建立了不同的知识形式,前者偏重空间和数学,后者偏重时间和宗教。印刷术产生的知识革命是最为显著的,是现代科学兴起的机缘。

---

① 维维安.大众传播媒介[M].11 版.任海龙,常江,译.北京:北京大学出版社,2020:44.

随着报纸产生,新发明不断出现,如莱诺排铸机、打字机、印刷机、造纸机等的出现,报纸生产的瓶颈逐渐减少。其中,造纸机的发明使得报纸的印刷成本大大降低。为了吸引更多的读者,报纸开始强调内容多样化。随着市场竞争的加剧,为了适应市场的需求,营业部逐渐占据主导地位,新闻成为商品,与其他商品一样在竞争中销售。随着下午报和晚报的重要性逐渐增加,新闻报道的时间也相应地提前了。在美国,报纸取得了支配性地位,语言逐渐变得破碎化,新的习惯用语也随之出现。1946年,伊尼斯发表了《报纸在经济发展中的作用》一文。在这篇文章中,伊尼斯考察了报纸与经济变革的关系。他提出,商品生产和销售的变化不能只归因于市场经济与价格体系的改变,以报纸为代表的大众媒介是不容忽视的重要因素。首先,报纸的低价销售策略开了商业领域薄利多销的先河。伊尼斯的研究证明,报纸是大规模生产、分配、销售的开路先锋,是百货商店出现和现代消费经济的先兆。其次,大众媒体对各种商品价格信息的快速传播,突出了价格的市场调节与配置作用。

1.3.4 电力传播时代

从1844年电报的问世到当前时刻,其中涵盖了电话、广播、电视和互联网的到来时刻,它们都对传播模式产生了重大影响,麦克卢汉将这一时期称为电力传播时代,相应的媒介被统称为电力媒介。

电力传播时代的关键事件见表1.2。

表1.2 电力传播时代的关键事件①

时间/年	关键事件
1844	摩尔斯发明了电报
1877	爱迪生发明了留声机
1888	威廉·迪克森组装出电影的雏形——动态图片照相机
1895	马可尼通过无线电发送了第一条信息
1927	法恩斯沃斯发明了电视机

麦克卢汉认为,与书面传播时代不同,在电力时代我们回归声觉空间,信息的同步获取使口语时代的感知模式得以回归。麦克卢汉采用心理学家卡尔·威廉斯的声觉空间概念来比喻电力传播时代的信息空间。声觉空间没有中心也没有边界,人们可以同时听见从四面八方传来的声音。以原生口语为主导的媒介环境,塑造的是村落式的原始农业社会。以文字为主导的媒介环境,启动了民族国家的成长。以电力媒介为主

---

① 维维安.大众传播媒介[M].11版.任海龙,常江,译.北京:北京大学出版社,2020:45.

导的媒介环境,推动了全球化的滚滚浪潮①。

在电力传播时代,广播和电视成为主导性大众媒介,二者既有共同之处,又有显著的不同。从相同点来看,二者均基于无线电信息传输技术,都是单向的信息传播,大众只能看或听,不能回应,这导致信息获取和认知集中化。从不同点来看,广播媒介主要延伸人类的声音,而电视媒介除了传递声音,还呈现现实中的图像。麦克卢汉认为,广播的声音就如同家人诉说,诉诸人的本能和直觉,能够瞬间促成一个社群。电视的图像呈现,降低了获取信息的门槛,无论什么年纪,也不需要任何的文化水平,人们都能够被电视的丰富内容所吸引,获取电视播出的所有内容。电视与强调逻辑的书面媒介显著不同,娱乐性是它的显著特征,任何内容都以娱乐化的方式被表现出来。麦克卢汉指出,电视节目的片段化和拼凑没有逻辑可言。电视能够瞬间远距离传输图像,超越了广播的单纯声音传播,但由于电视媒介终端的复杂性,其又不能完全代替广播。从缺陷方面看,尼尔·波兹曼在《娱乐至死》一书中指出,由于逻辑性的不足,看电视的习惯不仅会损害人们的理性表达能力,还会损害阅读能力。

1.3.5 数字传播时代

互联网的出现,使人类传播进入数字传播时代,数字媒介逐渐代替电力媒介成为主导性媒介。数字传播时代的关键事件见表1.3。

表1.3 数字传播时代的关键事件②

时间/年	关键事件
1969	美国军方发明了计算机网络,后来发展为互联网
1990	万维网被发明出来

在过去30年当中,数字媒介往往与新媒介的含义等同。简单来说,数字媒介是基于计算机、互联网等的互动式、双向传播的媒介。

相对于电力媒介,数字媒介带来了人类传播领域的革命性变革。电力传播时代的大众往往只能被动获取信息,而数字媒介能够实现传受双方的积极互动。数字媒介还能重新组合、再度混合并创造新的知识形式。计算机和互联网的使用含有认知的一维,而大众媒介和电话的使用全然没有认知的成分。大众媒介给使用者提供的是信息流,使用者除了关闭设备,并不能用其他方法控制信息流,数字媒介则允许使用者灵活

---

① 李明伟. 知媒者生存:媒介环境学纵论[M]. 北京:北京大学出版社,2010.
② 维维安. 大众传播媒介[M]. 11版. 任海龙,常江,译. 北京:北京大学出版社,2020:45-51.

驾驭信息的双向流动。从编程的角度,数字媒介往往通过比特化代码实现功能发挥,具有高度抽象性;而在应用层面,数字媒介则以声音、图像等形式呈现。总体上,数字媒介相对于电力媒介是一种创新,催生了全新的传播特质。

洛根对数字媒介的特质进行了系统总结,包括流动性、无处不在性、融合性、内容集成性、社会集体性和再混合性等。

1.3.6 智能传播时代

在以云计算(Cloud Computing)、大数据(Big Data)、物联网、5G(5th Generation Mobile Communication Technology,第五代移动通信技术)/6G(第六代移动通信技术)、人工智能、VR(Virt Reality,虚拟现实)、无人机等新兴技术为代表的新一轮信息技术革命和产业变革背景下,信息传播媒介再一次发生了革命性变化,能够较好地满足大众信息需要的智能媒介成为主导性媒介,人类传播活动也进入了智能传播时代。智能传播时代的关键事件见表1.4。

表1.4 智能传播时代的关键事件

时间/年	关键事件
2017	AlphaGo(阿尔法围棋)战胜人类围棋冠军,人工智能兴起
2019	工信部正式向中国电信、中国移动、中国联通、中国广电发放5G商用牌照

智能传播时代的到来有几个标志:云计算、大数据、物联网、5G/6G、人工智能、VR等新兴技术与数字媒体、传统媒体(广播、电视和报刊等)深度融合,改变了媒体内容采集、生产、传播的方式和过程;基于人工智能和数据驱动技术,媒体的信源、信道和受众等三大支点都被颠覆,实时的传播闭环无处不在;用户生成内容(User Generated Content,UGC)、人工智能生成内容(Artificial Intelligence Generated Content,AIGC)等新的传播元素进入传播领域,改变了整个传播生态,内容生成多元化是该生态的典型特征;算法推荐内容和精准传播成为主要的信息内容分发与传播方式;媒体服务体验超越了以往强调的内容获取需要,成为衡量媒体价值的关键要素,其中沉浸式体验是媒介价值的显著性区别特征。总体来看,内容生成多元化、算法推荐、精准传播、数据驱动、闭环传播、沉浸式体验是智能媒介区别于以往媒介的显著特征,最终实现人们具身传播和离身传播的统一,无限接近人类的自然传播状态。

智能传播是人性化趋势威力的呈现,也是对数字媒介信息泛滥等不足的补救,更是全新的信息传播方式。新技术对智能媒介的形成确实起到了决定性作用,但也应看到智能媒介对个人需要和社会需要的响应,智能媒介应对惨烈竞争的必要,以及智能媒介对社会政治演进和经济发展的迎合。

1.4 智能媒体的崛起

数字媒介到智能媒介的演变,并不是一夜间就完成的,而是从21世纪第一个10年的末期开始,然后经过了10多年时间逐渐形成的。从数字媒介到智能媒介,其间,先后出现了一系列新概念,如云媒体、大数据媒体、移动媒体、万物皆媒、平台媒体、融合媒体、全媒体、算法媒体等,它反映了人们将新技术应用于媒体创新的探索,也反映了人们认识和发展智能媒体的过程。

2017年以后,人工智能崛起是一个显著的分水岭,智能媒体成为一个共识性概念。人工智能是云计算、大数据、物联网、5G/6G、人工智能算法、VR、无人机等新兴技术的集大成者,是这一系列新兴技术综合运用的呈现。简单来说,人们往往用人工智能来简单指代智能媒体的技术运用,其背后依赖云计算、大数据、物联网、5G/6G、人工智能算法、VR、无人机等一系列技术的综合运用。

人工智能等技术全方位地改变了媒体形态和传播体系。云计算技术的利用能够使媒体服务平台化和弹性化,按需服务价值蕴藏其中。大数据的使用使媒体能够分析用户的需求和内容价值,高效率抓取信息、分析信息,给用户提供精准的信息服务,精准投放广告内容,实现数据价值最大化。人工智能算法改变了媒体内容生产和传播的全过程,其通过人机融合提高传播效率,提升传播价值。机器人写稿正在成为现实,带来媒体内容生产领域的革命性变革。物联网、人工智能算法与无人机结合创新了内容来源和内容体验。人工智能算法与机器人技术结合,能打造虚拟数字人和机器人,构建全新媒体传播主体。算法推荐也是人工智能与媒体融合的重要价值体现,即算法通过数据分析洞察用户的兴趣、偏好、心理状态、位置信息等,将内容精准分发给需要的用户。

当前,大量传统媒体(广播、电视和报刊等)也在通过智能化转型转变为智能媒体,以适应全新的技术和社会环境。总体上,智能媒体正在成为全人类社会的主导性媒体,它不仅是技术创新的结果,还是人们以潜在的"人性化趋势"选择的结果。

1.5 本章小结

媒体演变是一个漫长而复杂的过程,从人类诞生起,媒体就随之共同发展。本章立足于媒体的发展,介绍了媒体演变的理论与动力,并对媒体的演变简史做了分阶段阐述与讲解,最终落脚到智能媒体这一全书的主题上。

基于人性化趋势理论,我们可以知道智能媒体的出现得益于人与社会的能动需要;基于补救性媒介理论,我们可以得知智能媒体是对数字媒介存在的问题的补救;而信息过载理论告诉我们,智能媒体是一种新的语言,能够解决以往媒介形态信息过载的问题。

媒介发展的背后有各方力量的推动。就拿智能媒体的演变过程来说,随着人工智能、物联网等技术运用到媒体行业,媒体的生产、消费模式发生了翻天覆地的变化,无一不朝着智能化方向推进;当代社会、经济、政治的发展产生海量数据,需要更有能力、更智能的媒体进一步解放、发展生产力;为了自身利益,以及为了应对各方的竞争与压力,媒体产业不断进化。当然,媒体的演变发展是一个复杂的过程,在这个过程中,社会与技术革命相辅相成、相互影响,社会在媒体的润物细无声中进化,时代也在悄然更迭。

今天,智能媒体崛起,智能传播时代到来。本章作为全书的第一章,只是简单地为大家梳理了媒体发展的相关内容,以及引出了智能媒体的主题,而智能媒体到底是什么,其有哪些特征,如何对智能媒体进行管理……这些问题的答案我们都会在之后的章节为大家一一揭晓。

参考文献

[1] 莱文森.数字麦克卢汉:信息化新纪元指南[M].何道宽,译.北京:社会科学文献出版社,2001.

[2] 莱文森.软利器[M].何道宽,译.上海:复旦大学出版社,2011:5,51.

[3] 李沁.沉浸传播:第三媒介时代的传播范式[M].北京:清华大学出版社,2013:2.

[4] 洛根.被误读的麦克卢汉:如何矫正[M].何道宽,译.上海:复旦大学出版社,2018.

[5] 陈汝东.未来传媒发展趋势:一种媒介史的视角[J].人民论坛·学术前沿,2017(23):15-20.

[6] 师文,陈昌凤.驯化、人机传播与算法善用:2019年智能媒体研究[J].新闻界,2020(1):19-24,45.

[7] 李彪,刘泽溪.聚合与重塑:2018年我国智能媒体发展观察[J].出版广角,2019(3):29-32.

[8] 莱文森.莱文森精粹[M].何道宽,译.北京:中国人民大学出版社,2007.

[9] 胡翌霖.媒介史强纲领:媒介环境学的哲学解读[M].北京:商务印书馆出版,2019.

[10] 胡易容.传媒符号学:后麦克卢汉的理论转向[M].苏州:苏州大学出版社,2012.

[11] 梁广成.AI智能传播的转型迭代与生态重构[J].新闻爱好者,2022(9):97-99.

第2章 智能媒体的概念、特征和关键技术

2.1 媒介、媒体与传媒

《现代汉语词典》中对"媒介"的解释是,使双方(人或事物)发生关系的人或事物,如代理机构、快递员(邮件的传递中介)等。《信息技术词典》中将"媒体"解释为通信介质,是用于载送信号的媒介,即媒体强调传播内容与传播介质的集成,也可泛指光盘、软盘、磁带等承载信号的存储介质。百度释义上"传媒"指传播媒介,特指报纸、广播、电视、网络等各种新闻报道工具。基于此,本部分将明晰媒介、媒体和传媒的内涵,为智能媒体的内涵界定奠定理论基础。

2.1.1 媒介的定义

相关研究侧重于从信息传播介质对内容传播产生的影响来界定媒介。随着媒介技术的进步,各种新的媒介形式不断涌现,媒介的不断融合引发了生产方式的革命。从中介体和传播渠道的角度看,媒介是能使传播活动发生的中介性公共机构,是拓展传播渠道、扩大传播范围或提高传播速度的科技发展的产物[1]。传播媒介是指除了直接的面对面传播模式,信息在人们中间传播的所有渠道和手段[2]。传播媒介是内容扩散的重要工具[3],同时在传播过程中是传播者与接受者之间的桥梁和纽带,是传播行为作用于社会负载、传播信息符号的中介性物质手段[4]。从媒介传播对受众影响的角

---

[1] 费斯克.关键概念:传播与文化研究辞典[M].李彬,译.北京:新华出版社,2004.
[2] 梅罗维茨.消失的地域:电子媒介对社会行为的影响[M].肖志军,译.北京:清华大学出版社,2002.
[3] 胡正荣,段鹏,张磊.传播学总论[M].北京:清华大学出版社,2008.
[4] 李正良.传播学原理[M].北京:中国传媒大学出版社,2007.

度看,媒介是人类关系赖以存在和发展的手段,通过手势、讲话、写作、印刷、信件、电话、电报等途径,这个人把思想和情感传给那个人的方式①。从泛媒介化的角度看,麦克卢汉的"媒介即讯息"颠覆了人们对媒介的传统认知,并将媒介的定义进一步延伸。在《理解媒介:论人的延伸》中,字母、口语、游戏、道路、服装、住宅、货币、时钟等,通通被列为媒介,媒介、技术、文化三者是重合的②,随着技术的发展,数字媒介技术可以使人的意识从机械世界的枷锁中解放出来,程序可以使电脑接近于人的意识③。

媒介研究可分为经验学派、批判学派和媒介环境学派等不同学派,各派学者根据自身研究趋向对媒介做了不同的诠释。经验学派着眼于内容,重点分析媒介传播内容产生的效果,其代表人物威尔伯·施拉姆把媒介定义为"插入传播过程,用以扩大并延伸信息传送的工具"④;批判学派重点研究政治、经济等各种权力因素如何操控传播,认为大众媒介及其产品是制造社会不平等和压迫现象的"帮凶"⑤,是"传播的生产者、信息的分配者、传播政策的制定者"⑥;媒介环境学派着眼于媒介技术本身,强调不同媒介的特性,把媒介概念扩大到一切技术范畴,其第四代代表人物林文刚把媒介界定为"文化能够在其中生长的技术,能够使文化里的政治、社会组织和思维方式具有一定的形态"⑦。本书采纳狭义的媒介概念,即从信息传播载体、渠道和技术工具角度界定媒介内涵,并将其具体化为报刊、广播、电视、图书、数字媒介、智能媒介等大众媒介。

2.1.2 媒体的定义

媒介和媒体在英文中都是 medium(复数 media)。在中文语境下,媒介和媒体的所指通常有明显的区别。媒介通常指传播信息所用的物质性工具和载体,而媒体是指媒介组织或经营媒介的机构⑧。从运用不同媒介技术促进融合发展的角度,学者们开始探讨新媒体、数字媒体、融媒体、全媒体等内涵。新媒体严格意义上应被称为"数字化互动式新媒体",是一个相对概念,会随着技术的进步而有所发展⑨。在政策支持和技术驱动等多重因素的影响下,当前媒介生态呈现一派"融合""共生"的景象,全媒体

---

① COOLEY C H. Social organization: a study of the larger mind[M]. New York: Charles Scribner's Sons,1967:61.
② 麦克卢汉. 理解媒介:论人的延伸[M]. 何道宽,译. 南京:译林出版社,2011.
③ 麦克卢汉,秦格龙. 麦克卢汉精粹[M]. 何道宽,译. 南京:南京大学出版社,2000.
④ 施拉姆,波特. 传播学概论[M]. 陈亮,周立方,李启,译. 北京:新华出版社,1984:144.
⑤ 隋岩,魏明. 论传播批判理论的研究谱系[J]. 湖北社会科学,2019(4):176-183.
⑥ 李琨. 传播的政治经济学研究及其现实意义[J]. 国际政治研究,1998(4):101-105.
⑦ 林文刚. 媒介环境学:思维沿革与多维视野[M]. 2版. 何道宽,译. 北京:中国大百科全书出版社,2019:79-80.
⑧ 胡正荣,段鹏,张磊. 传播学总论[M]. 北京:清华大学出版社,2008:179.
⑨ 匡文波. "新媒体"概念辨析[J]. 国际新闻界,2008(6):66-69.

产业迎来了快速发展的黄金时期。从媒体资产管理的视角看,数字资产激增背景下传统媒体资产管理模式难以为继,媒体应利用数字媒体资产管理系统满足用户跨媒体消费个性化定制内容的需求。

我们也在新闻中经常看到"主流媒体"一词,需要进一步区分主流媒体和非主流媒体的概念。通常认为,主流媒体是指承担着党和政府的喉舌功能,关注社会主流问题,影响主流社会阶层受众,传播社会主流意识,具有较大发行量或较高收听、收视率的媒体机构[1],近似于西方表达方式中的"高级严肃媒体"[2]。国外对主流媒体的界定与国内大体相同,在乔姆斯基给出的经典定义中,主流媒体是与娱乐性媒体对应的概念,既指服务于特权阶级的精英媒体,也指维持社会主流价值观、具有议程设置能力和影响力的严肃媒体[3]。总体上,主流媒体主要强调传播内容的严肃性和主流性,以及强大的媒体影响力。

2.1.3 传媒和传媒产业

对传媒较为宏观的表述是传媒,而作为一个国家、一个地区或一个时期的产业门类来表述时,学者们往往采用"传媒产业"这个词且侧重于运用整个产业宏观数据对产业的变化及产业的外部环境等进行研究。从产业生态的视角,随着传媒产业与其他产业融合进程的不断加快,传媒产业的总体规模正在迅速扩大,产业经营模式也在不断迭代升级。传媒产业发展过程中面临的结构性问题困扰着传媒经营管理者。因此,我们应该深入评估当前传媒产业面临的结构性问题,建立有效竞争的生态结构,从而激发传媒产业的发展活力,提高产业经营绩效,构建传媒产业生态系统健康评价指标体系,分析中国传媒产业生态系统健康状况,为评价传媒产业发展状况提供良好范例。在媒介技术不断变革、管理理念持续更新等因素的影响之下,传媒产业也会出现生态结构不平衡的状况,但这种不平衡是短暂的,是生态结构向新的阶段发展的必经阶段,也是通往产业升级的一个阶段,应该遵循传媒产业发展的基本规律,但也不能任由其无序发展。

莱拉赫和大卫从产业集群的视角,提出了早期的传媒产业集群相关理论[4]。传媒

---

[1] 主流媒体如何增强舆论引导有效性和影响力之一:主流媒体判断标准和基本评价[J].中国记者,2004(1):10-11.
[2] 崔保国,徐立军,丁迈,等.传媒蓝皮书:中国传媒产业发展报告(2021)[M].北京:社会科学文献出版社,2021:43.
[3] CHOMSKY N. what makes mainstream media mainstream[J]. Z magazine, 2015(10):17-23.
[4] NACHUM L, KEEBLE D. MNE linkages and localised clusters: foreign and indigenous firms in the media cluster of central London[J]. Journal of znternational management, 2003, 9(2):171-192.

产业集群指在传媒产业领域,新闻媒体、广告公司等具有高度关联性、互补性的传媒企业及其他相关的机构组织集聚在一起,通过专业分工、资源共享、相互协作等形式,降低内容生产、信息服务的成本,拓展传媒市场,从而获得强大市场竞争优势的一种现象①。

2.2 智能媒体的界定

2.2.1 智能媒体的概念

智能媒体突破了传播介质的局限性,通过传感器、物联网、大数据、云计算等技术,为传播构建了新的范式,将文字、声音、影像等整合、分享以及交互式的传播,以满足用户个性化、场景化、沉浸式的需求。除此之外,由于智能技术的发展,人与物、物与物、人与信息服务协同发展,形成了人—物—媒介三者相互融合的发展趋势②。随着智能技术的发展,智能媒体会越发复杂并无限趋近于一般生态系统,具有自组织、自发育、自衍生等一系列特性,系统内部的不同模块可以借助反馈机制实现连通,模块中的个体可以通过裂变等方式实现其自主生产内容信息的针对性和精准性传播③。智能媒体时代的管理会实现4个转变——管理范畴会从内容转向平台,管理主体会从自然人转向机器人,管理手段会从人工转向技术,管理层次会从行业法规转向法律与伦理的结合④。

本书结合现有研究提出智能媒体的概念。智能媒体是技术驱动和用户需求驱动相结合,以用户为中心,以满足用户需求为目的,通过物联网采集数据、5G 技术传播信息、云计算提供算力、人工智能推荐内容、区块链设计信任机制等,对媒体业务流程进行变革,实现媒体产业的内容策划、内容采编、内容审核、内容播出、内容存储、传播效果等方面的智能化,重塑人类智能与机器智能协同融合的媒体生态系统,进而转变媒体管理的主体、范畴、手段和层次的媒体组织。智能媒体概念解读,如图 2.1 所示。

---

① 黄洪珍,吴杰.媒介生态学视域下我国传媒产业集群发展研究[J].编辑之友,2020(4):72-78.
② 段鹏.智能媒体语境下的未来影像:概念、现状与前景[J].现代传播(中国传媒大学学报),2018,40(10):1-6.
③ 程明,程阳.论智能媒体的演进逻辑及未来发展:基于补偿性媒介理论视角[J].现代传播(中国传媒大学学报),2020,42(9):1-5.
④ 卢迪,韩银丽,徐玥.后移动互联网背景下的智能媒体发展与管理[J].现代传播(中国传媒大学学报),2018,40(5):9-13.

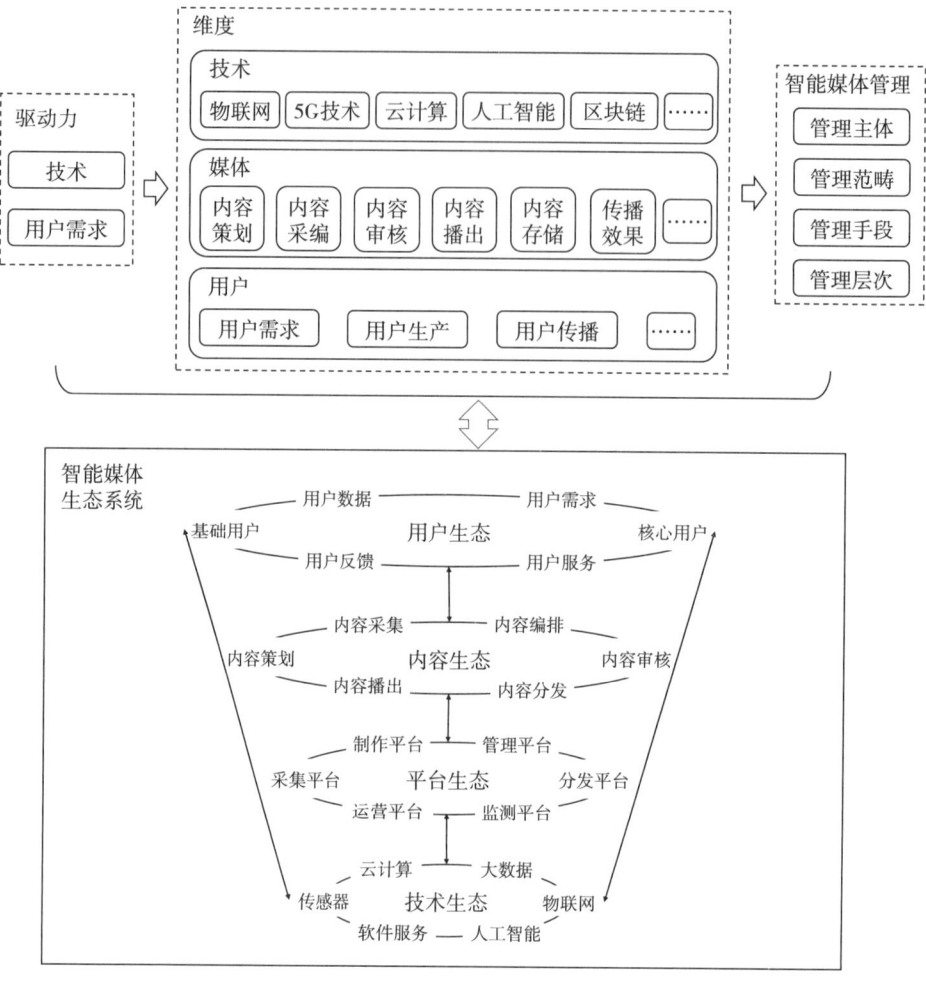

图 2.1 智能媒体概念解读

2.2.2 智能媒体的内涵

2.2.2.1 技术维度

技术进步正在塑造媒体内容的生产和消费方式,人工智能、云计算、大数据、物联网等技术快速发展,应用场景也不断丰富,包括媒体行业在内的传统行业变革已初现端倪,人机交互水平不断提高,机器的智能化程度逐渐加深,媒体的生产和经营越来越依靠智能技术的助力。智能技术带来了生产效率提升,传播精准化增强,单一线性的同质化传播模式正被颠覆。

从技术角度看,基于大数据、人工智能及云计算等智能技术带来的影响对智能媒体进行界定。智能媒体是由媒体、人工智能、信息技术和数据组成的媒介总和[①]。2016年,腾讯科技联合清华大学新媒体传播研究中心在共同发布的《智媒来临与人机边界:2016中国新媒体趋势报告》中提出,智能媒体是以技术为导向的一种媒体形式。智能媒体具有三大特征:万物皆媒、人机合一以及自我进化[②]。过去的媒体是以人为主导的媒体,而在智媒时代机器和万物都可能媒体化。智能芯片、传感器、自动化、大数据等智能技术以越来越低的成本嵌入我们日常生活,使设备拥有了信息交互功能与媒介传播的属性。万物皆媒为实现智媒提供了基础前提。人机合一使智能化机器、物体与人的智慧相融合,构建出了新的业务模式。自我进化使得人驾驭机器和机器洞察人心的能力不断提升与完善。媒体从传统的形式(如广播、电视和纸媒等)演化成具有强大交互能力的数字化、网络化、智能化多媒体[③],呈现出了数据驱动、自治运行、算法推荐、按需服务、深度融合、沉浸体验等特征[④]。

2.2.2.2 媒体维度

从媒体的发展现状和趋势看,媒体的智能化已经开始,智能技术不断发展会驱动媒体业务流程、管理模式及发展方向的变革。媒体的智能化发展带来了媒介形态的变化。

从媒体视角基于媒介形态的变化对智能媒体进行界定。智能媒体融合了以往所有媒介形态与媒介技术的生态系统,内容的丰富性和信息获取的无限制性是这个系统的最大特点,涉及信息的生产、传输、加工和处理,最终形成一个"地球脑"的知觉体系[⑤]。

媒体的业务流程由媒体中一系列相互关联的工作所组成,这些工作共同为受众创造价值,同时助力媒体对受众影响力进行"二次售卖"。媒体在应用智能技术后,最早发生变革的是内部的业务流程,多数学者认可技术对于媒体业务流程的影响。内容生产上,从媒体机构到全民参与;媒介终端上,从智能手机到"万物";核心资源上,从内容到数据[⑥]。

---

① 李莎.智能媒体时代品牌社群的创新营销思维与策略研究:以小红书App为例[D].广州:暨南大学,2019.
② 彭兰.智媒化:未来媒体浪潮——新媒体发展趋势报告(2016)[J].国际新闻界,2016,38(11):6-24.
③ 商艳青.媒体的未来在于"智能+"[J].新闻与写作,2016(1):17-20.
④ 杨青峰.智能化转型重塑传统媒体竞争优势的机理与路径研究[D].北京:中国传媒大学,2022.
⑤ 张雷.从"地球村"到"地球脑":智能媒体对生命的融合[J].当代传播,2008(6):10-13.
⑥ 卢迪,韩银丽,徐玥.后移动互联网背景下的智能媒体发展与管理[J].现代传播(中国传媒大学学报),2018,40(5):9-13.

2.2.2.3 用户维度

从满足用户的需求视角对智能媒体概念进行界定。智能媒体是能够感知用户并为用户带来更佳体验的信息客户端与服务端的总和①。智能媒体有思想,有感知,会判断,会主动寻找受众而非仅仅被动地接受访问;同时它也会融入受众的社会关系网,从而产生裂变式的传播效果②。智能媒体顺应人工智能的发展,诞生了新的经营方式和盈利模式,通过自动生成用户画像来完成信息的匹配③。智能媒体可以自动感受并迎合用户需求,为用户提供服务和信息④。智能媒体是以用户为中心,服务于用户所在的时空和场景,智能媒体随着用户场景的不同,时刻掌握用户需求并进行服务推送⑤。智能媒体是以用户需求为导向,利用大数据、物联网、云计算、传感器、VR、人机交互等技术进行新闻信息的采集、写作和发布等工作的媒体⑥。

2.2.2.4 智能维度

人类智能与机器智能是智能媒体的两大内核。智能媒体是以大数据为基础,以人工智能为核心,借助物联网技术全场景的数据采集、5G技术高速率和低延时的信息传播、云计算技术强大的算力及区块链技术独有的信任机制而逐渐形成的具有强连通性与强交互性的智能化媒体系统。智能媒体会在内容生产和传播中最大化人类的价值,实现人类智能与机器智能的协同融合⑦。

2.2.3 智能媒体对个人、社会和经济的影响

2.2.3.1 对个人的影响

智能媒体的发展会给个人带来获取信息的便利以及全新的互动体验,但也会给个人带来一些消极的影响,如隐私泄露、算法囚徒、虚假信息、人的区隔和重连接等。

智能媒体的精准传播建立在对用户生物特征数据、情绪数据与地理位置数据等重要个人隐私内容分析的基础上,存在个人隐私数据泄露和滥用的风险。实践中通常采用的"知情同意原则"存在缺陷,个人信息使用必要和最小化原则难以落实、商

---

① 许志强.智能媒体创新发展模式研究[J].中国出版,2016(12):17-21.
② 吴纯勇.改革中的中国广电行业如何突围:把握智能媒体蓝海[J].中国数字电视,2011,4(5):55-56.
③ 邹蕾,张先锋.人工智能及其发展应用[J].信息网络安全,2012(2):11-13.
④ 段鹏.智能媒体语境下的未来影像发展初探[J].当代电视,2018(9):4-7.
⑤ 胡正荣.媒体的未来发展方向:建构一个全媒体的生态系统[J].中国广播,2016(11):48-52.
⑥ 吴献举.智能化媒体新闻生产:模式变革、伦理冲突及协调路径[J].中国出版,2020(12):36-40.
⑦ 程明,程阳.论智能媒体的演进逻辑及未来发展:基于补偿性媒介理论视角[J].现代传播(中国传媒大学学报),2020,42(9):1-5.

业性使用与家族式流通等问题都极易造成隐私数据泄露以及个人信息滥用①。

彭兰指出,人们在享受算法带来的便利的同时,在某些方面也面临着成为算法"囚徒"的风险,人的认知、判断与决策可能会受制于算法,人的社会位置也会因算法偏见、歧视以及其他原因受到禁锢。在一些数字劳动平台,算法在隐性控制着劳动者的劳动,算法、大数据及其他新技术也可能增强对人的监控。

一些研究者指出,数字虚拟人、社交机器人纷纷进入智能媒体领域,基于虚假信息、局部计划、偏见倾向与传播控制的意见偏差现象日益盛行②。陈昌凤等研究者以中国新冠疫苗的议题参与为例,运用自然语言处理及数据挖掘方法分析了推特(Twitter)中社交机器人在中国新冠疫苗的内容发表、形象管理与社交互动方面的议题参与特征,发现社交机器人的议题参与呈现三大特征:内容的聚焦性与负面性、形象的理性化与中立化以及社交的活跃性与广泛性③。

在智能媒体框架下,个性化与去个性化的并存也体现了算法在建构人和人的关系中所起的作用。算法在一些方面造成了人与人的区隔,但又在另外一些方面促成了人们的连接与趋同。安孟瑶和彭兰对此分析指出,由算法影响的人与内容的关系最终会体现在人和人的关系上面。

智能媒体环境下,具有传感功能的可穿戴设备和嵌入式芯片与人形成全新的共生关系,人类会进一步"赛博格化"。各种感知技术把人当作测量对象,数字世界中的人表现为一系列数据化呈现。人类身体通过网络连接在一起,服务者和被服务者难以区分。机器网络服务人类,而人类以身体数据饲养着机器网络,人机共生成为常态。

2.2.3.2 对社会的影响

媒体决定人的沟通方式,进一步改变整个人类社会的行为、组织和结构。数字媒体的影响结果是显而易见的,微博、微信、短视频、网络电视等数字媒体不仅改变了人们的生活方式,还改变了人们的生产方式和生产关系,改变了国际关系和国际贸易,整个社会的组织结构和形态也因此而改变。

在数字媒体的基础上,智能媒体不仅会改变人类的生活方式,还会进一步重塑社会行为和组织结构,智能社会将成为一个可以预见的未来。智慧企业、智能服务、智能

---

① 安孟瑶,彭兰.智能传播研究的当下焦点与未来拓展[J].全球传媒学刊,2022,9(1):41-58.
② 梦非,朱庆华.社交网络信息传播中意见偏差的国外研究进展[J].情报理论与实践,2021,44(10):193-201.
③ 陈昌凤,袁雨晴.社交机器人的"计算宣传"特征和模式研究:以中国新冠疫苗的议题参与为例[J].新闻与写作,2021(11):77-88.

驾驶、智能营销、智能金融、智能翻译、智能商务以及智能高铁、智能航空航天,智能媒体应用已经开始无处不在。智能传播颠覆了传统媒体的传受逻辑,人们之间的信息交换通过智能化传输实现,未来学习、生活、娱乐、工作之间的联系和协同也将会被生命体之间的数据传输所替代①。智能媒体具有无处不在的渗透性,在与社会各个行业主体的互动融合中,加速打开行业边界,实现更加多元的技术经济范式和更加丰富的商业模式。智能媒体能够把跨界的事物连接起来,使原本分散的社会主体和生活场景相互联通,从而任何主体都可以低成本在媒体平台上获得便利,智能媒体因此成为整个社会的操作系统②。

2.2.3.3 对经济的影响

伊尼斯最早考察了媒体和经济变革的关系,认为报纸是大规模生产、分配、销售的开路先锋,是百货商店和现代消费经济的先兆,大众媒体对各种商品价格信息的快速传播,突出了价格的市场调节与配置作用③。数字媒体和智能媒体正在发挥着类似的作用。它们并不是单纯地通过争夺传统媒体的广告市场来发展,而是通过创造出全新的经济形态来实现自身增长,并进一步影响制度性安排、组织形式、生产和消费的分布形态与资源的利用,进而促进整个技术经济范式变革④。

在传统媒体、数字媒体向智能媒体的演进过程中,它们通过创新媒介形态、内容形式和信息传播方式促进了整体广告市场的增长,广告形态也呈现出多样化趋势,如出现了搜索广告、品牌图形广告、电商广告、信息流广告、视频贴片广告、富媒体广告、文字链接广告、算法广告等。智能媒体与知识付费、价值共创、直播带货、网红经济、长尾经济、平台经济、服务经济、共享经济等新经济形态紧密关联在一起,增加了获利渠道⑤。数字媒体和智能媒体通过专业机构生成内容(Professional Generated Content,PGC)、用户生成内容扩展了范围经济,避免了传统媒体过分依赖广告而产生的瓶颈,从而获得了持续健康增长的能力。当前,以算法为核心支撑的智能媒体逐渐代替数字媒体成为主导性媒体力量,进一步重塑经济结构和经济形态。以智能媒体为核心构成和沟通媒介的数字经济,正在全球范围内迅猛发展。与传统经济不同,数字经济所特有的"赢者通吃"效应使得模仿者难以复制成功,反过来使得智能媒体

---

① 陈汝东.未来传媒发展趋势:一种媒介史的视角[J].学术前沿,2017(23):15-20.
② 王虎.逻辑转变与维度构建:智能媒体参与社会治理的机制研究[J].现代传播(中国传媒大学学报),2021,43(9):7-11.
③ 李明伟.知媒者生存:媒介环境学纵论[M].北京:北京大学出版社,2010.
④ 弗卢.新媒体4.0[M].叶明睿,译.北京:人民日报出版社,2019:76-78.
⑤ 杨青峰.智能化转型重塑传统媒体竞争优势的机理与路径研究[D].北京:中国传媒大学,2022.

呈现出强者更强的特征。智能媒体成就和扩大了数字经济,数字经济反过来也带动了智能媒体的加速发展。

2.3 智能媒体的特征

2.3.1 交互性

交互技术的发展与人工智能紧密关联,用户与媒体双向互动,用户有自身的需求、感受和动机,媒体接受用户输入的信息并采取对应的反馈。针对不同用户群体产生不同的反馈是智能媒体交互性的重要表现。基于语音识别、图像识别、意图识别等技术,智能媒体能够实现人机对话,完成文字、语音、图片形态的交互问答,以聊天机器人形式出现的非虚拟会话代理已经成为社交媒体和消息传递应用程序的重要部分①。互动空间的转变、互动方式的转变、互动频率的增加促进了智能媒体不断以用户为中心进行技术升级,智能媒体在用户信息、数据采集与处理上具有极大的优势,可以同时进行一对多的用户服务,因此,智能交互性是智能媒体的显著特点之一。

2.3.2 实时性

智能媒体时代,设备硬件性能的提高以及人工智能技术的应用可以使信息及时被共享。转型升级后的技术可以最大限度地摆脱时间和空间的限制,为受众提供实时的信息。智能媒体的传播介质再也不是单一的物质载体,而是各种传播介质的有机结合,人工智能技术和传感器技术应用于传媒领域,形成了万物皆媒的智能媒体时代。传统的传播介质是报纸、广告、电视、电影等,人工智能技术的发展实现了多种传播介质的智能化,从而打造了信息传播的实时化。以新闻信息的生产与传播为例,依托人工智能技术的"智能编辑部",从内容的生产到传播及反馈,已形成了高效有序的循环链条,这既可以保证新闻内容的质量,又可以实现传播的实时化,让受众尽快接收到有效的信息。

2.3.3 服务性

智能媒体对信息和受众做到了精准定位,其通过分析受众浏览信息的内容、种类

---

① ARAUJO T. Living up to the chatbot hype:the influence of anthropomorphic design cues and communicative agency framing on conversational agent and company perceptions[J]. Computers in human behavior,2018(2):1-69.

及频次来计算出不同受众的不同信息偏好和需求,利用数据勾勒出受众画像,在信息分发过程中对受众采取不同策略,提高信息传播效率。智能媒体通过场景化改变受众接收信息的习惯,增加受众的体验感,如 VR 和 AR(Augmented Reality,增强现实)技术为受众提供沉浸式的新闻体验与感官感受,营造出虚拟与现实完美融合的空间,让用户和内容产生黏性,极大地激发受众的参与热情。大数据能够更加准确地深挖用户的需求,智能算法系统能够及时准确地跟踪用户数据,实时更新用户数据的变化,以此来深挖用户需求,确保向用户推送的信息更加准确和符合受众的偏好。今日头条等智能媒体基于人工智能技术的数据系统,为每一个用户推送个性化的资讯,依托智能算法和推荐机制,在碎片化信息泛滥的互联网中把有用的信息更有逻辑性地推送给用户,从而使用户获得更有用的信息。

2.3.4 融合性

智能媒体是人工智能和媒介的结合体,其依据算法和互联网的资料迅速生成内容,以满足用户对信息的需求。传统媒体要经过一系列复杂的程序才能够生产出所需要的内容,是因为一则信息的产生需要经过记者获取信息,到达现场采编、拍照,将素材带回,对素材挑选、编辑和审核,如此,信息才会最终被传递给用户。在智能媒体时代,所有的内容生产都由机器完成,这极大地提高了内容生产的效率,减少了对人工生产模式的依赖。智能媒体时代,从数据汇集到数据计算,各个阶段都是重要信息源。人工智能根据本地数据网络和接口调用、空间分析等多种技术,在极短的时间内迅速生成准确的内容并传播出去,中间完全省略了人工的环节。媒体领域的智能开放云平台,为纸媒、网媒和媒体技术开发人员搭建技术、数据和应用交易平台,提供策略支持的同时,也对海量的数据进行处理和分析。智能媒体凭借多种传播介质并存为媒体赋能,推动媒体领域的生产方式和生产关系的深刻变革,不断拓宽人工智能的使用场景,增强用户的体验感,提高他们使用的满意度。

2.3.5 算法性

算法性是智能媒体不同于以往媒体形态的核心区别性特征。人工智能算法为传播者与信息接收者之间的互动提供了便捷平台,使得传播实践变得更为生动和高效。利用人工智能算法,人们可对信息传播情况进行实时监测、跟踪、反馈和更新,根据传播中各环节的变化动态调整传播策略。智能算法系统能够及时准确地跟踪传播对象动态,对传播对象的数据进行综合分析,依据其偏好和需求向其准确推送各类信息,提高传播效率和效果。基于智能媒体环境下的传播内容的采集、编辑、分发等都可由智能算法完成,且这一传播体系可以不断更新,获取和加工素材的方式不断优化,推荐算法不断更新,传播过程更加高效,同时这也促进系统的设计者和参与者不断学习新知识。在智能传播体系中,传播主体不仅仅局限于传播者,经过算法训练的机器人可以通过学习逐步掌握科学信息的采集、编辑、分发等系列工作,并且效率更高。信息接收者也可以利用便捷的智能媒体平台进行科学知识的再次传播、加工。

2.4 智能媒体的关键支撑技术

2.4.1 人工智能

人工智能是计算机领域的一个分支,其作用主要是用算法来模拟人的思维过程,让计算机程序去完成过去只有人脑才能实现的智能行为,进而让计算机成为名副其实的"电脑",控制各类机器完成智能工作①。

1956年,约翰·麦卡锡在美国达特茅斯学院的学术研讨会上首次提出"人工智能"概念,开启了全球人工智能研究历史进程。2016年以来,发源于互联网行业的人工智能开始向互联网以外的行业延伸,在多个产业领域引发颠覆性变革。大数据、云计算、语音识别、图像识别和深度神经网络等与人工智能相关的技术被越来越多地运用到传媒领域,这使得媒体与人工智能深度融合,推动了媒体智能化发展②。围绕什么是人工智能,计算机专家提出了弱人工智能、通用人工智能和超人工智能的概念。弱人工智能在特定的专业领域具有类似人的智能表现,而在其他领域不具有通用性。通用人工智能也可称为强人工智能,其通过计算机算法能够像人一样思考和解决问题,并能够代替人应对各种通用任务。超人工智能是机器智能达到一个技术奇点的产物,其有与人完全类似或超越人的智能水平③。

2.4.2 云计算

云计算一般被定义为在网络环境下计算资源的交付和使用方式,用户通过网络按需、易扩展的方式获得所需服务。实现这个目标,需要5个最为关键的条件来支撑:足

---

① 冉凌宇."物联网+人工智能":Web3.0时代的数字传媒发展初探[J].出版广角,2021(7):70-72.
② 解学芳,张佳琪.AI赋能:人工智能与媒体产业链重构[J].出版广角,2020(11):26-29.
③ 杨青峰.对人工智能"无用阶层论"的辨析:基于马克思主义哲学视角[J].新视野,2020(5):118-122.

够的宽带网络、资源"池化"、按需伸缩的弹性机制、服务自治、按使用量计算成本①。

结合媒体行业实践,李卫东等人提出"云传播"的概念,认为"云传播即云计算环境下人们传递和分享信息的一种共享传播机制,是对人们通过'互联云'进行信息传播活动的社会总过程的总体描述"。其中,云终端是工具,云服务是媒介,云计算中心是基础平台,云传播的本质是信息在"互联云"上的流动过程②。从特征上看,云传播是移动传播、实时传播、全信息传播、个性化传播、自动化传播和智能化传播③。

云报纸是一个典型云传播实践,大量纸媒向这个方向转型。报纸既有传统的纸质报纸,又有存在于云端的云报纸。云报纸拓展了传统纸媒有限的版面空间,将新闻背后的详尽信息都上传云端,并且将报纸单一的文字报道形式拓展成包含文字、图片、音频、视频的全媒体报道形式,带给读者全新的阅读体验。云报纸还克服了传统纸媒新闻时效性不强的劣势,做到了新闻的实时报道和滚动播出④。

2.4.3 大数据

大数据是指无法在一定时间范围内用常规软件工具捕捉、管理和处理的数据集合,是需要新处理模式才能具有更强的决策力、洞察力、流程优化能力的海量、高增长率和多样化的信息资产⑤。

大数据有 4V 特征,即数据量大(Volume)、数据多样性(Variety)、数据价值性(Value)和数据高效率(Velocity)。大数据与云计算结合,使得大数据得到高效处理,数据价值得到充分挖掘⑥。一般认为,"PB"级的数据为大数据数量级;然而,大数据之"大"并不简单等同于数量的极大增长,而是更为关键地体现在数据的多样性与完整性上。所谓多样性,就是大数据不单指海量的结构化数据,还包括大量非结构化数据,如文本、视频、图片、音频等,以及介于二者之间的半结构化数据。大数据强调数据与数据之间存在某种相关性,发现并利用这种相关性就能创造出巨大的经济效益或社会效益。

对媒体机构来说,大数据的应用价值体现为对海量、复杂而低价值的数据进行数据分析,提取高价值知识,辅助实现媒体智能化。以大数据应用为基础的人工智

---

① 杨青峰.云计算时代关键技术预测与战略选择[J].中国科学院院刊,2015,30(2):148-161,169.
② 李卫东,张昆.云传播的概念模型和运行机制[J].当代传播,2016(1):63-66.
③ 邱若谦.云计算概念在新闻传播领域的应用[J].青年记者,2020(2):15-16.
④ 阚子毅,杨颖,张君浩.云计算对媒介生态的影响[J].前沿,2014(7):133-134.
⑤ 彭铁元.大数据凝聚融媒体核心竞争力[J].传媒,2017(18):8-12.
⑥ 陈刚,杨青峰.政务云、大数据、人工智能三位一体[J].中国信息化,2018(7):45-49.

能、机器写作、智能分发与推荐、VR、物联网等的发展为智能媒体生态的持续演进提供潜力。

2.4.4 5G

5G 比此前的 4G(第四代移动通信技术)传输速度更快(超过 10Gbit/s 的峰值速度)、连接能力更加强大(支持每平方千米百万量级的连接数密度)、时延更少(支持毫秒级的端到端时延)、流量密度更大(支持每平方千米数十 Tbit/s 的流量密度)、移动性更好(支持 500km/h 以上的移动性),而比 4G 的频谱效率(提升 5~15 倍)、能源效率(提升百倍以上)和成本效率(提升百倍以上)高①。

5G 对媒体的价值主要体现在以下几个方面:提升速率,增强用户与媒体的互动性,强化媒体场景化使用功能;促进视频继续发展,以 VR、AR、MR(Mixed Reality,混合现实)为代表的沉浸式体验场景迎来机遇与挑战;增强物与物之间的连接,打破设备之间的技术壁垒,加速实现万物皆媒;5G 具有超低时延的特征,全面提升用户对场景媒体的使用体验②;5G 在推动数据和算力发展方面起到关键作用,进而推动人工智能加速发展;5G 与边缘计算结合,全面提升数据源侧的计算能力③,并能够减少核心网络负载,减少数据传输时延④。

5G 及其相关媒体技术将会被应用在社会领域的各个方面,如智慧城市、智慧农业、工业互联网、车联网、无人驾驶、智能家居、智慧医疗、应急安全等。

2.4.5 VR 和 AR

VR 的概念最早是在 20 世纪 80 年代初由美国计算机科学家杰伦·拉尼尔提出的,接着美国宇航局、北卡罗来纳大学、麻省理工学院和华盛顿大学相继在相关领域深入研究⑤。VR 依靠计算机的模拟技术创造一个逼真的虚拟环境,并利用特殊设备调动人们的视觉、听觉、触觉等多种感官体验,以获得超越现实的临场感。VR 新闻就是运用 VR 技术,以 360°场景呈现新闻信息,使受众产生置身于真实新闻现场的身临其境感。

2015 年,《纽约时报》宣布推出"NYT VR"(虚拟现实新闻客户端)、虚拟现实 App

---

① 刘光毅,方敏,关皓,等.5G 移动通信:面向全连接的世界[J].电信科学,2019,35(9):166.
② 曾祥敏,齐虹翕.5G 技术背景下智能媒体发展初探[J].电视研究,2019(6):14-17.
③ 卢迪,赵晨歌.5G 背景下智能媒体的场景与应用[J].视听界,2019(3):10-15.
④ 许加彪,李亘.5G 技术特征、传播场景和媒介环境学审视[J].当代传播,2020(4):64-66.
⑤ 黄艳.我国网络视频平台 VR 发展逻辑与路径:基于媒介环境学的视角[J].新闻爱好者,2021(3):40-42.

(手机软件),被认为是 VR 新闻正式起步的标志。国内媒体的 VR 新闻起步略晚。2015 年,《人民日报》制作"9·3"大阅兵 VR 全景视频,新华社制作 VR 新闻《带你"亲临"深圳滑坡救援现场》。央视新闻在 2016 年上线"浸新闻"专栏,2019 年在手机客户端推出"VR 频道"。

尽管在文献中经常并列出现,但 AR 与 VR 存在较大不同。阿祖玛(Azuma)在 1997 年最早对 AR 进行了定义,指出 AR 就是把虚拟的物体放置在实际真实的环境下。2001 年,阿祖玛进一步完善了 AR 的概念,指出它具有 3 个特征:在同一个界面空间,虚拟的事物与真实的环境相融合;虚拟与现实的叠加即时发生,才能与使用者产生互动;必须在三维界面中运作,让使用者有三维空间的立体感。具体来说,AR 就是通过传感技术、智能定位技术、移动图像捕捉技术、大数据、云计算、人工智能算法、3D(三维)建模技术、智能终端显示技术等构建的一个复杂智能系统,能够将虚拟的信息、影像、物体、场景,即时地叠加融合到真实世界中,扩增用户对现实世界的感知,增加用户对未知信息的认知和了解[①]。

研究者认为,VR 和 AR 的本质就是通过脑机交互、可视化、沉浸式,以颠覆性技术带来全新认知,实现虚拟世界与现实世界的连接和沟通的方式[②]。在近年来 5G、人工智能、图形建模技术的快速发展背景下,VR 和 AR 也会突飞猛进地发展。

2.5　本章小结

从下一章节开始,我们将进入智能媒体管理的相关内容。智能媒体作为管理的客体,我们必须知道到底要管理一个什么样的对象。故本章主要对智能媒体的概念与内涵、特征与技术进行阐述。经过本章的学习,读者脑海里的智能媒体应具象且清晰起来。

为了准确给出智能媒体的概念,本章先区分了媒介、媒体和传媒的定义与相关理论,简单来说,媒介是工具与载体,媒体是组织与机构,而传媒是较为宏观的产业。智能媒体的内涵可从 4 个角度进行拆解:从技术维度讲,智能媒体是各种智能技术的有机集成;从媒体维度讲,"地球脑"的智能媒介形态已然出现;从用户维度讲,以用户为中心的媒介经营理念在智能媒体中有了新花样并效果显著;从智能维度讲,智能媒体将"人类智能"与"机器智能"进行了完美融合,凸显了智能媒体强大的连通性和交互性。

---

① 李苗.作为智能媒介的增强现实:历史、属性及功能机制[J].现代传播(中国传媒大学学报),2019,41(9):145-151.
② 杨为民.我为什么看好 VR/AR?[J].国际品牌观察,2021(4):58-60.

无论是日常生活、社会发展还是媒体产业,智能媒体的出现都带来了革新。当然,事物都有两面性。信息茧房、数据造假、伦理失范、隐私泄露等问题,无一不给智能媒体的管理提出了挑战。

智能媒体拥有交互性、实时性、服务性、融合性、算法性5个特征,其中区别于以往媒体形态的核心特征是算法性,即在智能媒体中,人工智能算法可以对信息传播情况进行实时监测、跟踪、反馈和更新,并动态调整传播策略。

本章介绍了主要的5个智能媒体支撑技术。人工智能是智能媒体的核心技术,是模拟、延伸、扩展人的智能的技术,语音识别、知识问答等都是人工智能在智能媒体中的应用;云计算为智能媒体带来了云传播,让实时传播和个性化传播成为可能;大数据是智能媒体的基础,大数据强调数据的处理速度快、全面、真实、多样和相关关系,人工智能的训练必须基于大数据;5G有更高的速率和可靠性、更宽的带宽和更少的时延,这无论是在智能媒体的网络体验还是在产业融合发展中都是重中之重;而VR和AR通过脑机交互、可视化、沉浸式实现了虚拟世界与现实世界的连接和沟通。

参考文献

[1] 孟建,赵元珂.媒介融合:粘聚并造就新型的媒介化社会[J].国际新闻界,2006(7):24-27,54.

[2] 杨青峰.智能化转型重塑传统媒体竞争优势的机理与路径研究[D].北京:中国传媒大学,2022.

[3] 肖芃,肖赞军.新型传媒集团全媒体融合发展路径研究:以芒果超媒为例[J].湖南师范大学社会科学学报,2021,50(1):135-141.

[4] 孙学敏,张宇,王晨阳.中外广播电视媒体数字资产管理模式研究[J].河南社会科学,2020,28(12):115 120.

[5] 陶喜红,曾光.广播电视产业市场化演进及其与市场结构、产业经济增长的关系[J].新闻与传播研究,2019,26(1):77-97.

[6] 陶喜红.中国传媒产业生态系统健康评价研究[M].北京:中国社会科学出版社,2019.

[7] 王灿发.产业生态视域下中国传媒产业发展综合评价的创新:兼评《中国传媒产业生态系统健康评价研究》[J].中国编辑,2020(4):124-128.

[8] 郭全中,郭凤娟.智能传播:我国互联网媒体演化的最新传播方式[J].传媒评论,2017(1):77-79.

[9] 许志强.智能媒体创新发展模式研究[J].中国出版,2016(12):17-21.

[10] 吴纯勇.改革中的中国广电行业如何突围:把握智能媒体蓝海[J].中国数字电视,2011(5):55-56.

[11] 邹蕾,张先锋.人工智能及其发展应用[J].信息网络安全,2012(2):11-13.

[12] 段鹏.智能媒体语境下的未来影像发展初探[J].当代电视,2018(9):4-7.

[13] 胡正荣.媒体的未来发展方向:建构一个全媒体的生态系统[J].中国广播,2016(11):48-52.

[14] 吴献举.智能化媒体新闻生产:模式变革、伦理冲突及协调路径[J].中国出版,2020(12):36-40.

[15] 程明,程阳.论智能媒体的演进逻辑及未来发展:基于补偿性媒介理论视角[J].现代传播(中国传媒大学学报),2020,42(9):1-5.

[16] 安孟瑶,彭兰.智能传播研究的当下焦点与未来拓展[J].全球传媒学刊,2022,9(1):41-58.

[17] 梦非,朱庆华.社交网络信息传播中意见偏差的国外研究进展[J].情报理论与实践,2021,44(10):193-201.

[18] 陈昌凤,袁雨晴.社交机器人的"计算宣传"特征和模式研究:以中国新冠疫苗的议题参与为例[J].新闻与写作,2021(11):77-88.

[19] 陈汝东.未来传媒发展趋势:一种媒介史的视角[J].学术前沿,2017(23):15-20.

[20] 王虎.逻辑转变与维度构建:智能媒体参与社会治理的机制研究[J].现代传播(中国传媒大学学报),2021,43(9):7-11.

[21] 李明伟.知媒者生存:媒介环境学纵论[M].北京:北京大学出版社,2010.

[22] 弗卢.新媒体4.0[M].叶明睿,译.北京:人民日报出版社,2019:76-78.

[23] ARAUJO T.Living up to the chatbot hype:the influence of anthropomorphic design cues and communicative agency framing on conversational agent and company perceptions[J].Computers in human behavior,2018(2):1-69.

[24] 冉凌宇."物联网+人工智能":Web3.0时代的数字传媒发展初探[J].出版广角,2021(7):70-72.

[25] 解学芳,张佳琪.AI赋能:人工智能与媒体产业链重构[J].出版广角,2020(11):26-29.

[26] 杨青峰.对人工智能"无用阶层论"的辨析:基于马克思主义哲学视角[J].新视野,2020(5):118-122.

[27] 杨青峰.云计算时代关键技术预测与战略选择[J].中国科学院院刊,2015,30(2):148-161,169.

[28] 李卫东,张昆.云传播的概念模型和运行机制[J].当代传播,2016(1):63-66.

[29] 邱若谦.云计算概念在新闻传播领域的应用[J].青年记者,2020(2):15-16.

[30] 阚子毅,杨颖,张君浩.云计算对媒介生态的影响[J].前沿,2014(7):133-134.

[31] 彭铁元.大数据凝聚融媒体核心竞争力[J].传媒,2017(18):8-12.

[32] 陈刚,杨青峰.政务云、大数据、人工智能三位一体[J].中国信息化,2018(7):45-49.

[33] 刘光毅,方敏,关皓,等.5G移动通信:面向全连接的世界[M].北京:人民邮电出版社,2019.

[34] 曾祥敏,齐虹翕.5G技术背景下智能媒体发展初探[J].电视研究,2019(6):14-17.

[35] 卢迪,赵晨歌.5G背景下智能媒体的场景与应用[J].视听界,2019(3):10-15.

[36] 许加彪,李亘.5G技术特征、传播场景和媒介环境学审视[J].当代传播,2020(4):64-66.

[37] 黄艳.我国网络视频平台VR发展逻辑与路径:基于媒介环境学的视角[J].新闻爱好者,2021(3):40-42.

[38] 燕频,蒋东鑫.媒介进化论视角下VR新闻的应用与局限[J].青年记者,2020(26):103-104.

[39] 李苗.作为智能媒介的增强现实:历史、属性及功能机制[J].现代传播(中国传媒大学学报),2019,41(9):145-151.

[40] 杨为民.我为什么看好VR/AR?[J].国际品牌观察,2021(4):58-60.

第3章　智能媒体业务流程管理

3.1　智能技术驱动的媒体业务变革

3.1.1　传统媒体的业务变革

在智能技术的驱动下,我国的传统媒体机构正在积极进行智能化转型。例如,中央广播电视总台在2018年与中国电信、中国移动、中国联通及华为公司共同签署合作建设5G新媒体平台框架协议,打造4K(超高清分辨率)、VR集成制作平台,开展5G+4K集成制作,打造移动客户端运行和用户体验平台,利用大数据技术和人工智能技术为业务生产赋能。北京电视台也是从2018年开始与中国移动、中国联通及中国电信三大运营商合作建设5G网络,2020年就采用了5G+边缘云化制作技术支撑两会报道,利用现场5G基站实时回传超高清采访视频,在边缘云平台直接进行新闻节目内容制作。

随着智能技术的不断发展和应用,传统媒体业务不断发生变革。媒体机构使用智能机器人,可以进行自动化新闻生产和发布,提高了新闻生产的效率。VR和AR技术提供沉浸式的新闻报道与内容体验。利用大数据和机器学习技术,我们可开发智能推荐系统,根据用户的兴趣和行为,个性化推送新闻和其他内容。

3.1.2　社交媒体平台的崛起

社交媒体逐渐成为新闻传播的新渠道,它在传播信息的同时,还提供了用户参与的渠道。用户可以对新闻发表观点、讨论,甚至参与到事件的报道中,用户生成内容越来越重要。随着智能技术的进步,社交媒体平台也为内容共创提供了更多可能性。通过智能化工具、数据分析、个性化推荐算法以及VR和AR等技术手段,社交媒体平台正成为内容创作者的重要平台。

（1）社交媒体平台提供人工智能内容生成工具，如语音识别、图像识别和自然语言处理、智能翻译等工具，为内容共创提供了便利。创作者可以更高效地处理素材、生成草稿或后期编辑等，也可以通过输入关键词或主题，自动生成相关文章、图片或视频，不仅提高了内容生产效率，还为内容创作者提供了更多的灵感。

（2）通过智能算法和大数据分析，社交媒体平台能够对用户行为数据进行深度分析，形成精准的用户画像，更好地了解用户的偏好，为内容创作者提供更有针对性的创作建议。社交媒体平台还可以通过数据分析优化内容推荐算法，根据用户偏好，为其推荐个性化内容，提高用户满意度。这种推荐机制既可以提高用户获取信息的效率，又可以激发用户参与内容创作的积极性，用户可以分享自己的观点、评论或创作的内容，从而促进社交媒体平台上形成多元化的内容生态。

（3）社交媒体平台利用智能技术为用户提供丰富的互动功能。用户可以通过点赞、评论、转发等方式与其他用户交流。这种互动性不仅促进了用户之间的交流与合作，还为内容创作者提供了更多与受众互动的机会，从而促使内容创作者不断完善和改进内容。社交媒体平台利用智能技术为用户提供自动回复功能，快速响应用户的问题和请求。聊天机器人可以根据预设的规则和算法提供个性化的回复与建议，从而提高用户满意度和互动率。

（4）智能技术与VR和AR技术的结合，为社交媒体平台的内容共创提供了更多可能性。通过VR技术，用户可以沉浸在虚拟环境中，与其他用户或创作者共同创作或体验内容。AR技术则可以将现实场景与虚拟元素结合，为用户提供更具创意和个性化的内容体验。

（5）随着云计算技术的发展，社交媒体平台可以提供安全可靠的数据存储和传输服务。这确保了用户创作的内容能够得到妥善保存，同时保证了数据传输过程中的隐私性和安全性。

3.1.3 自媒体的发展

自媒体是指传统新闻媒体以外，包括个体用户和团队机构的进行个性化内容创作的传播主体①。随着技术的不断进步，自媒体的内容和形式也在不断创新，短视频、直播、语音等内容形式逐渐成为自媒体的主流。同时，人工智能技术在自媒体领域得到

---

① 田维钢，刘倩. 自媒体短视频内容监管的内涵要求、逻辑生成与实现路径[J]. 当代传播，2022（6）：90-94，107.

广泛应用,为自媒体业务带来了新的发展机遇。

(1)智能化内容创作。人工智能的助力使得自媒体内容创作从传统的依赖人工转变为智能生成。例如,人工智能可以帮助自媒体人进行主题选择、热点分析、自动撰写、内容推荐,大大提高了内容创作的效率和质量。

(2)定制内容和个性化推荐。智能推荐算法可以根据用户的历史阅读记录、兴趣偏好、社交关系等多维度数据,定制化生产内容,为用户提供更加精准和有价值的内容。这不仅提升了用户的阅读体验,也增加了自媒体内容的曝光率和点击率,从而提升了自媒体的影响力。

(3)自动化内容分发。智能技术可以帮助自媒体在不同的社交媒体平台自动发布内容,实现内容的自动分发,以及根据用户反馈实时调整内容。这大大减轻了自媒体的运营负担,也提高了内容的传播效率。

(4)智能化数据分析。自媒体借助智能数据分析工具,可以实时了解其内容的阅读量、点赞量、评论量、转发量等关键指标,以及用户的活跃度、留存率、转化率等运营数据。这些数据可以帮助自媒体不断优化内容,提升运营效果。

3.2 智能媒体业务流程特点

业务流程是组织生产产品或提供服务所需要的一系列业务活动的集合,这些活动的目的是共同实现业务目标。媒体业务流程包括内容策划、采集、创作、编辑、审核、分发、反馈等多个环节。这些环节相互关联、相互影响,共同构成了媒体业务的核心运作体系。随着智能技术的发展和应用,智能媒体业务流程表现出与传统媒体业务流程不同的特点,主要体现在以下几个方面:

(1)全流程智能化。智能媒体业务流程的各个环节都融入了人工智能技术,实现了全流程的智能化。从内容策划、采集、创作、编辑、审核到分发和反馈,每个环节都有相应的智能技术应用,这不仅帮助了媒体组织缩减人工成本,提高工作效率和内容质量,还打破了不同媒介之间的界限,进一步满足受众潜在需求。

(2)数据驱动。智能媒体会大量运用数据分析技术,对用户需求、行为、兴趣等深入挖掘,以数据为依据指导内容策划和制作,实现精准化、个性化内容生产。

(3)快速响应。根据用户需求和市场变化,智能媒体能够快速调整内容生产,及时满足用户需求。

(4)高互动性。智能媒体注重与用户的互动,通过实时反馈、评论、弹幕等方式与用户交流,增强用户参与感和黏性。

(5)跨平台传播。智能媒体业务流程中,内容可以快速便捷地被传播到多个平台,实现跨平台传播。这有助于增加内容的覆盖面和提高内容的影响力,提升媒体品牌价值。

(6)动态更新。智能媒体能够根据用户反馈和市场变化不断优化内容生产与传播策略,保持与时俱进。

3.3 智能媒体业务流程管理模式

创新的业务流程或具有执行力的业务流程能够使组织更具有竞争优势,而陈旧过时的业务流程会影响组织的效率和响应能力。因此,业务流程管理已经成为组织核心竞争力之一。智能媒体必须做好业务流程管理这项基础性工作,确保业务流程与组织战略保持一致,并不断优化业务流程。

3.3.1 中央厨房式的业务流程管理

全媒体平台也被称为"中央厨房",它不仅是一个统一的发布平台,更是将内容生产、传播和运营融为一体的新型管理模式。中央厨房式的媒体管理模式实现了技术融合、渠道融合、内容融合和互动融合。这种媒体管理模式通过网络化、远程化和移动化,使用融合云的信息分享平台,使得新闻资讯的全行业分享成为可能。从互联网PC(个人计算机)端到新媒体的微博、微信、移动终端App,以及遍布大中小学、街道、社区的户外电子屏,中央厨房已经将相关的传播渠道融合在一起,并且能够做到一体策划、联动开发、关联推送,基本达到了全媒体覆盖的效果。在媒介融合的过程中,新媒体优先发布、报纸深度挖掘、全媒体覆盖的工作模式逐步形成。媒介融合不仅造就了信息传播的全媒体平台,而且使媒体与用户的互动更加便利。无论是网上的在线评论,还是"两微一端"上的网友互动,都可以实现不同媒介上用户互动的共享。下面从内容策划、内容生产、内容传播和内容质量管理等多个方面,对中央厨房式的业务流程管理进行详细介绍。

3.3.1.1 内容策划

中央厨房利用大数据分析技术进行选题策划,根据网上的热点、网民关注热度及情感倾向发现和确定新闻选题,并采用大数据技术进行各类数据的收集和分析,为新闻写作提供支持。中央厨房通过共享新闻线索和选题并统一策划，避免了对同一新闻多头采编，从而达到降低成本和提升整体效率的目的。智能设备可以通过添加关键词，自动对网络舆情进行热点追踪，并且可以一站式接收网站、App、微信、微博等的实时新闻推送，使选题策划和新闻报道保持热度。同时，中央厨房还注重与用户互动，根据用户反馈不断优化策划方案，使得内容更能满足用户需求。

3.3.1.2　内容生产

中央厨房的新闻素材打通使用后，可以根据不同媒体渠道的要求深入挖掘和二次加工。智能新闻生产的一个重要环节是机器人写新闻，这种方式能极大地提升新闻的时效性和采写、编辑效率。记者可以通过佩戴智能眼镜解放双手，一人即可完成访谈、拍摄、记录等工作。智能设备能够一键接入前后方，实时同步采访内容，自动整理现场采集的文字、语音、视频素材，智能提取有效部分。智能创作机器人还可以一键检索全网相关信息，自动汇总、梳理背景信息，自动编写各地区、行业热点聚合新闻，从而提升采写、编辑效率，使新闻更具有时效性。

此外，其他媒体智能工具也为优质内容创作提供了强有力的支持。例如，人民日报社新媒体中心为了帮助内容生产者生产，推出了应用人工智能技术的"创作大脑"，提供了通用型创作工具。音视频智能处理工具有直播剪辑、4K在线快编等多种功能，还能实现视频横竖转、智能配音等功能，从而更适应短视频传播生态。只需上传图文稿件，智能视频制作工具就能自主提取关键信息，自动制作视频。

人工智能还催生了一些新产品样式。例如，人民日报社新媒体中心拍摄微电影《70年，我是主角》，通过视频换脸技术，让每个人都能成为电影主角，产品的背后是机器深度学习、人脸识别技术的探索运用。人民日报社新媒体中心曾在武汉东湖樱花园投放一辆直播无人车，利用5G+AI技术带广大网友漫步东湖云上赏樱，升级优化了用户体验。

3.3.1.3　内容传播

在人工智能的视域下，媒体是基于对内容数据与用户数据的深度沉淀，进而实现全流程、全链条、全媒体的数据化运作。这种数据化运作与以往局部、割裂、少量数据使用的方式不同，它更倾向于社会化数据共享，实现打通的数据化运作。算法推荐的出现改变了信息传播的逻辑和规则，成为当前主流的信息传播方式。对于在线新闻传播场景来说，智能技术的运用可以重塑媒体与用户的关系模式。媒体与用户可以随时互动，关系紧密，人机交互成为信息传播中至关重要的环节。人工智能的应用可以帮助媒体深度理解用户，人工智能注重研究用户兴趣并挖掘潜在需求，增强与用户的交流互动,建立跨域推送体系,在精准匹配用户兴趣的同时,有效拓展用户的新闻视野和认知边界。媒体运用智能技术研究分析用户的需求和行为偏好,以便优化用户体验,推送用户喜欢或者感兴趣的内容,同时通过加入政治方向、舆论导向、价值取向等维度,形成体现主流价值的"主流算法",纠正算法偏差,在3个层面实施对常规算法的调整和优化。

在新闻传播上,协同也产生放大效应。中央厨房通过分批次、多渠道、全媒体发布,不仅有效地扩大了传播覆盖面,各种传播手段融合使用,也更好地提升了受众体验和传播效果。

3.3.1.4 内容质量管理

中央厨房通过多种渠道汇集了各类合规新闻源,为算法推荐提供了丰富的内容数据基础。在内容源头,完善内容审核系统,进行信息源分级分类处理,对入库内容进行质量等级分区。在内容质量管理环节,建立内容标签系统和内容打分系统,通过智能化算法对内容进行二次分类、分层和分龄,对内容进行全维度画像和全功能评分,其间,打分机器人对专业编辑团队的选择进行分析与结构化,将这些经验性数据纳入算法,不断改进内容打分系统。

3.3.2 工作室制的业务流程管理

工作室通常是由具有共同价值观和认同感的专业人才组成,具备较强的自主创作能力。从节目开发立项阶段开始,工作室就参与其中,对业务做出整体规划,并根据节目制作过程中的变化及时调整。在规范性、专业化的工作室机制下,工作室会与组织内部的技术团队实现紧密协作。一方面,技术团队将开发的技术产品提供给工作室,支持工作室思考如何更好地利用新技术;另一方面,工作室将自己的创意和内容生产过程中的需求与痛点及时传达给技术团队,协同技术团队"按需开发"。

人工智能技术在工作室机制的内容创意、内容制作、内容分发、广告营销各环节均发挥了重要作用。

3.3.2.1 内容创意

人工智能技术的应用促进了新的内容创意的产生。例如,湖南卫视的综艺节目《你好,星期六》就将虚拟数字人"小漾"加入主持团队,全新的节目形式给观众带来了新鲜感。由于关于虚拟数字人有较大的想象空间,该节目拥有无限的可能性,未来还会产生更多的创意形式。

3.3.2.2 内容制作

人工智能技术的应用也给内容制作带来了变革。例如,芒果TV(电视)利用人工智能技术对海量观众数据进行分析,深入了解了"14~29岁"这个群体的喜好,从而筛选出该群体最喜欢的题材、艺人组合、剧情设计和人物关系等,为《爸爸去哪儿5》的内容创作提供了具体方向。爱奇艺制作的THE9(无限少女组合)"虚实之城"沉浸式虚拟演唱会,应用了大量的AR、XR(扩展现实)等虚拟制作技术,实现了线上虚拟座席、专属虚拟分身、现场大屏连线实时互动、现场同频实体应援棒、粉丝共创舞台等效果。

爱奇艺还将很多技术应用到互动节目中。例如,在《奇异剧本鲨》这档节目中,其使用了很多技术产品把传统影视和游戏融合在一起,还原线下剧本杀游戏,从而让用户获得更加满意的消费体验。技术团队应用人工智能内容理解、智能识别和人工智能抠图等技术,自动识别可定位场景,提升打点效率,减少人工打点的误差,实现大规模精准标记,让用户搜证过程更加顺畅,满足了用户的互动需求。

3.3.2.3 内容分发

工作室通过智能算法推荐进行内容分发,有效提升了内容的利用率;通过学习用户的观看行为,采用算法向用户推送长视频,使用户获得更优质、更符合个人偏好并且观看时间更长的内容。这不仅提高了推送效率,还优化了用户体验。

3.3.2.4 广告营销

技术团队建立数据标签系统,通过这个系统,可以精准识别并描绘用户,更加深入地预测用户行为。该系统优化了广告营销,使企业品牌的广告投放更加超值。例如,芒果TV节目在《妈妈是超人3》的广告投入中,通过人工智能技术分析发现哪个嘉宾更适合跟OLAY(玉兰油)这个品牌绑定。在拼多多平台进行节目宣传时,拼多多分析植入哪个节目才能触及更多的用户。芒果TV还与影谱科技合作开发人工智能广告,支持批量化全场景投放,只需要建立一个任务,就能在数百剧集中完成一键植入,植入包含传统包装类、节目内曝光类以及简单的情节交互类等广告。

3.3.3 基于推荐算法的业务流程管理

人工智能技术已经广泛应用于短视频的内容生产、消费、推荐、审核、营销等各个业务环节。短视频平台利用技术对多模态内容进行深度理解,包括用户、内容及二者之间的互动;利用深度学习、强化学习、图表学习实现个性化内容推荐,提升用户消费内容的体验。

3.3.3.1 内容生产

在短视频生产环节,人脸识别及跟踪技术的运用已经非常普遍,瘦脸、大眼、美白等功能得到了广泛应用。各短视频平台纷纷利用技术手段激发用户的创作热情。

例如,快手自主研发了移动端高性能多媒体引擎、3D实时特效引擎和YCNN(深度学习推理引擎)移动端实时跨平台人工智能引擎,使用大量图形图像、音视频处理、计算机视觉、语音/音乐识别与合成以及人工智能等技术,打造记录与生产的极致体验。快手产品功能中的"萌面Kmoji"魔法表情,就是运用了人工智能技术,精准还原用户拍摄的表情,生成专属脸部AR虚拟形象。抖音利用人工智能技术,加入了短视频拍摄的滤镜美颜道具、创意多段混剪,更有2D、3D贴纸特效、合拍、抢镜、运镜、转场、AR虚拟场景等特色功能,让产品更有活力,同时有效降低了视频生产难度,刺激了用户的创作欲望。

3.3.3.2 内容消费

在内容消费环节,各短视频平台使用人工智能技术提升用户体验。例如,视频画质增强技术可以把低质量视频升级为高质量视频;视频编解码优化技术可以让用户更加高效地观看视频;智能语音技术使得用户可以通过语音来查询和访问他们感兴趣的视频内容,解放用户双手,增强操作的便利性;自动生成字幕和翻译功能,使视频内容更容易理解和分享,尤其对于跨语言的用户。此外,各短视频平台通过开发一些创新的功能,让用户有更新鲜有趣的体验。例如,快手的小游戏业务,引用了不完美信息下博弈问题等一系列技术,让用户在玩游戏时更有挑战性,感觉更加有趣。抖音开发智能剪辑功能,通过算法自动将视频中的精彩片段进行剪辑合成,为用户提供精练且富有趣味的内容;抖音还通过VR/AR技术,将用户带入视频的世界,创造出沉浸式的观看体验。

3.3.3.3 内容推荐

利用人工智能技术,短视频平台可以建立起用户和内容的匹配机制,为用户提供个性化推荐,提高分发效率。为了精准匹配用户和内容,人工智能首先需要对用户和内容建立了解。对于用户,人工智能会收集用户的行为数据,分析用户习惯、绘制用户画像和用户兴趣图谱。人工智能主要是通过衡量用户在观看短视频中的页面停留时长、播放完成度、是否点赞、是否评论、是否分享、是否快进、是否有拖拽行为、是否重复观看等行为来了解用户对视频的偏好程度。对于内容,人工智能会对视频进行识别和分析,根据短视频标题、简介、封面图、视频帧等内容提取特征并生成标签。然后,人工智能会将内容的标签和用户的兴趣进行匹配,先将视频分发给小批量目标用户并收集用户反馈,再根据系统评分来决定是否将视频推广给更广泛的受众。

例如,快手在推荐方面使用了很多先进的技术。其中,级联深度学习模型可以支持亿级视频池,实现全链路目标自适应学习;强化学习技术解决了一组视频序列中多个视频如何组合、如何排列才能最大化视频序列的累积收益问题;图神经网络表达技术支持在线学习,并可处理亿级别节点和边的数据。

抖音利用人工智能技术创新了多种互动方式,增强了用户对平台的依赖。平台首页推荐自动循环播放的视频,占满整个屏幕,时间等顶部所有信息被隐藏,用户完全沉浸式观看抖音视频。每个视频紧密排列,用户通过上下滑动即可实现快速切换。视频页面也有清晰醒目的标识引导用户点赞或发表评论。用户可以根据自己的偏好,对观看的视频进行选择性地点赞、评论或浏览。抖音根据这些反馈数据,读取用户个人信息,描绘出详细的用户画像,准确分析用户喜好,并利用大数据技术,实现个性化精准推送。

3.3.3.4 内容审核

短视频平台的视频信息呈现出数据量大、内容繁杂、非结构化的特点。如果单纯依靠人工审核势必会消耗大量人力,但如果完全依赖现阶段并不完善的人工智能技术,又可能会出现误识别内容、误下架作品和误封禁账号的情况。目前业界普遍采用"机器审核与人工审核协作"的方式进行内容把控。

例如,快手短视频平台建立了一套人工智能检测系统,当用户上传短视频到快手后端之后,人工智能会分类提取视频中的音乐、语音、图像和人脸四个方面的信息。这些信息各自独立且有着不同的作用,如通过音乐识别人工智能可以对视频配乐进行版权查询;语音被识别转化为文字,人工智能由此了解视频所表达的大致内容。基于对直播内容或短视频内容的理解,人工智能对视频信息或图片信息进行内容评估,检测是否存在违规内容。如果有一定的内容违规可能性,该视频将被推送至人工审核,如确认存在违规内容,快手将立即删除。此外,人工智能技术还用于预测分析,人工智能根据用户的历史行为预测其后续发布内容违规的可能性,必要时可直接封禁用户账号。

抖音采取的也是机器审核和人工审核的双重审核机制。当用户上传视频之后,首先会通过人工智能模型进行机器审核,识别视频画面和关键词,检查作品文案中是否存在违规行为。如果被怀疑存在违规行为,该视频就会被机器拦截,并提示人工注意。

然后人工智能通过抽取视频中的画面关键帧与抖音数据库中的海量作品进行比对、匹配和消重,减少内容重复作品的推荐量。

3.3.3.5 视频营销

人工智能技术的进步推动了多种新型视频营销方式的出现,包括人工智能场景营销、广告快速植入和功能性互动营销等。随着网红经济的蓬勃发展,短视频平台开启了视频直播带货功能,短视频直播相较于传统的电视广告制作成本更低、传播速度更快、受众定位更精准,而且具有更强的即时性和互动性,进而能够有效地激发消费者的购买意愿。

3.3.3.6 案例:快手音乐制作流程

人工智能时代,人工智能技术为音乐和短视频行业带来了新的发展机遇。通过创新地将音乐和人工智能技术结合,用户只需要提供一张照片,便可以自动生成诙谐好玩的动态演唱视频,再加上背景音乐的效果,这种创作方式迅速吸引了许多短视频用户争相使用。

在人工智能技术的推动下,音乐制作已经进入一个大众化、个性化和智能化时代。为了帮助更多用户创作出个性化的音乐,快手团队自主研发了人工智能音乐创作模型和人工智能歌手。这些技术旨在降低音乐创作门槛,让更多人能够轻松地表达自己的音乐才华。

音乐制作流程首先是用户有了创作动机,然后作词、作曲,之后编曲,最后录音和混音。在快手搭建的人工智能模型中,每个环节都可以借助人工智能技术来完成。

用户随机将关键词输入快手人工智能音乐模型,模型就能把词转换成创作动机的一种表示。确定好动机之后,用户就可以利用快手人工智能模块生成歌词。在人工智能歌词方面,快手利用数百万已有歌曲对模型进行训练,以确保人工智能可以很好地理解歌词的含义。这样用户只需输入一个主题、一种情感、一种风格,人工智能就能在数秒内生成数十首歌词。

在人工智能旋律的创作上,快手也采用了类似方法,利用数十万首曲谱和百万首歌曲音频训练模型,再利用迷你数据库让模型自监督学习歌曲的内在关联,从而训练人工智能掌握自动生成旋律的能力。

在音乐录制环节,快手推出了人工智能歌手辅助创作功能,并不断提升其模型的精准度,以解决用户唱歌跑调、音色不佳等问题。该模型还能根据曲谱自动调整音高、节拍和歌词,使人工智能歌手能够模拟出专业歌手的演唱水平。

此外,快手还在探索更多前沿技术。例如,借助语音识别技术,人工智能歌手可以模仿个人的声音特征;人工智能音乐则能够把口语直接转成歌曲,满足用户更个性化的音乐创作需求。这些创新技术将持续为短视频领域的创作提供有力支持。

3.3.4 媒体直播平台全流程智能化管理

随着各类直播平台观看人数的快速增长,直播已经成为交流和社交商务的主要工具之一。人工智能在直播发展中也将发挥越来越重要的作用。

3.3.4.1 直播数据分析

直播数据主要包括直播内容数据和直播间数据两部分。其中,直播间数据包括流量数据和互动数据等。人工智能通过对直播数据深入分析,辅助直播者评估和改善直播质量,从而做出更好的决策。直播间流量数据包括平均在线人数、最高在线人数、离开直播间人数、新进直播间人数、浏览量等。互动数据包括新增关注人数、人均看播时长、评论数、点赞数、转发数等。人工智能技术可以实时分析直播间的流量效能,帮助直播者提高内容质量和整体直播效果。人工智能对整场直播效果的评估可以帮助直播者了解观众的整体参与活跃度,有助于优化直播方式和流程。

3.3.4.2 内容推荐

人工智能可以学习用户的偏好,为直播者提供相关的内容建议。人工智能也能帮助直播者找到发布直播的最佳时间,从而让更多的用户看到内容。根据用户偏好和直播内容进行智能推荐,可以让内容更容易被用户观看到。此外,将人工智能应用于内容索引,强化视频内容的分类,可以有效改善用户体验。

3.3.4.3 内容审核

对媒体直播平台来说,确保平台内容的合法性和规范性,健全平台内容审核机制是非常重要的工作。通常,内容安全审核方法采用人工智能+人工审查的方式,这是一种"事后审查"的处理方式,不太适用于视频直播的内容审核。基于人工智能开发的先审后发技术,可以在不增加或少量增加直播延时的条件下,对直播过程中的违规内容进行实时处理,实现事前防控、先审后发,从而阻断风险内容的传播。例如,虎牙开发了直播实时消音系统,应用于人工审核难度高、效率低的直播音频场景,取得了良好效果。视频直播场景更为复杂,虎牙技术团队也不断进行算法迭代优化,从而提高复杂直播场景的识别准确率和召回率。

3.3.4.4 人工智能直播

基于人工智能的虚拟主播在直播中已经有很多应用。人工智能直播就是通过人工智能技术合成的"虚拟人物",辅助或替代真人主播进行直播工作。虚拟主播使得新闻播报更加精准、高效,也为观众带来了全新的观看体验。这类直播的虚拟主播具备一定的判断能力,可以在直播过程中做拟人化行为,如回应观众的提问、与观众互动,在直播时能够对语气、肢体动作等做出一些微调整。《人民日报》、南方财经全媒体集团、中央广播电视总台、央视国际频道等媒体与科大讯飞合作打造虚拟主播,利用人工智能服务广播电视新闻报道。

例如,科大讯飞利用语音合成、人脸识别、人脸建模、图像合成、机器翻译等人工智能技术开发的人工智能虚拟主播小晴,可以实现中、英、日、韩等多种语言的新闻播报。以央视主持人康辉为原型的虚拟主播"康晓辉",与央视记者江凯共同主持《直播长江》安徽篇,并在现场进行实时互动。科大讯飞联合中央广播电视总台在第二届"一带一路"国际合作高峰论坛期间推出"AI记者'通通'游世界"系列视频,在视频中,"通通"带领观众欣赏"一带一路"沿途的风土人情、见证"一带一路"带来的改变与发展。

3.4 传统媒体被嵌入智能技术后的业务流程变革

传统媒体被嵌入智能技术后,业务流程的各个环节都发生了变革,媒体的工作效率和用户体验得到了显著提升。由于电视、广播、报纸等传统媒体的业务流程存在差异,本节特以电视媒体为例,深入剖析智能技术对其业务流程的影响。电视媒体覆盖面广、影响力大,其业务流程复杂度较高,涉及内容策划、编排、审核及播出等多个环节,借助智能技术,这些环节均得以深度优化。通过研究电视媒体的变革,我们可以更全面地了解智能技术对传统媒体业务流程的影响,并为其他传统媒体提供启示。

3.4.1 传统媒体的业务流程框架

传统电视媒体的业务流程可以细化为12个环节,包括节目策划、播出编排、素材价值评估、素材购买、节目采录、节目剪辑、内容审核、技术审核、审批修改、送播、播出监看及存储管理。传统媒体业务模式是单向线性的传输方式,主要通过内容吸引受众的注意力,进而通过出售广告来获取利润。我们将传统电视媒体业务流程的12个环节分别标注为A0~A11,如图3.1所示。其中,播出编排环节较为特殊,部分媒体机构的播出编排环节在前,另外一些媒体机构的播出编排环节在审批修改之后。播出编排作为重要环节,直接决定节目内容的播放时间和频次,除重复播出节目外,大部分内容在节目策划初期就应确定播出编排表,尤其对一些经常播出的栏目、体育类、综艺类栏目而言,播出编排作为控制要素,贯穿整个业务流程。

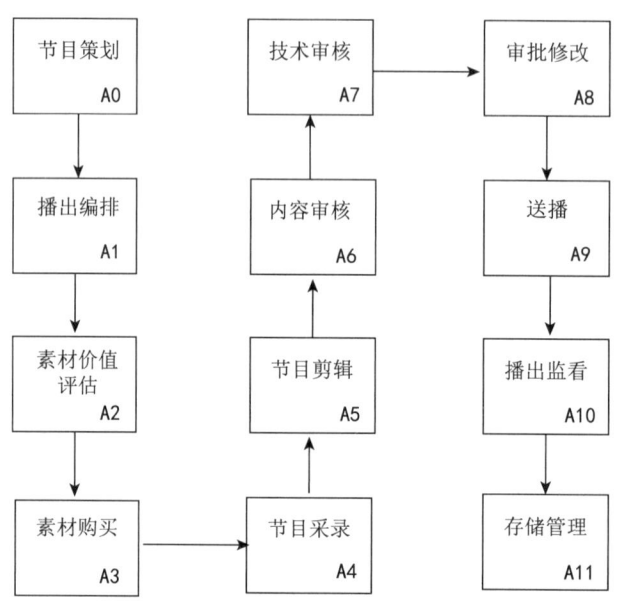

图 3.1 传统电视媒体业务流程

以下我们将传统电视媒体的业务环节综合为几个模块进行详细阐述。

3.4.1.1 节目策划模块业务流程

节目策划模块的业务流程如图 3.2 所示。首先,相关人员结合时代热点和政策导向进行选题策划,通过会议讨论,策划人员找到最适合的主题并进行节目策划,

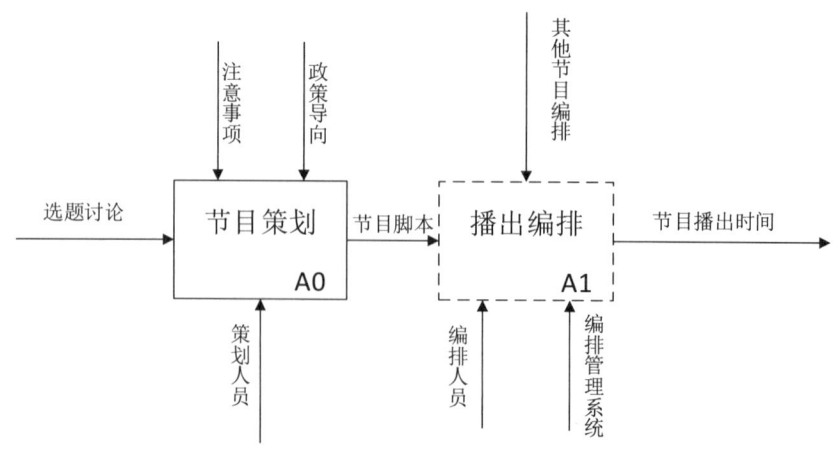

图 3.2 电视媒体节目策划模块业务流程

产出节目脚本。节目脚本一般需要写明拍摄时间、拍摄地点和详细的流程步骤等安排。其次,基于节目脚本,策划人员将拟用的素材分为需要采购的素材和需要自己采录的素材,便于内容采编人员有针对性地进行素材价值评估、购买及采录。最后,策划人员将节目脚本送到编排人员处进行节目编排并安排好播出时间。在不同媒体机构,播出编排业务的设置有所不同,这里用虚线框表示可以灵活调整顺序的环节。

3.4.1.2 内容采编模块业务流程

为了描述清晰,我们把上一业务模块也囊括在内,以便对业务流程进行系统化分析,后续也将采用同样的表达方式。内容采编模块的业务流程如图3.3所示。首先,采编人员根据经验和相关指标对需要外部采购的素材进行价值评估,并购买价值高的素材,如部分电视节目中用到的中华人民共和国成立典礼中的珍贵镜头,需要向中央新影集团购买,这一环节受到经济因素的限制,需要服从播出编排;其次,采编人员对节目中需要采录的部分进行采录,在采录过程中需要基于节目策划环节生成的节目脚本,最终形成自制内容素材;最后,采编人员将购买的素材和采录的素材送到剪辑室剪辑,产生完整节目。节目的质量一方面受到前期素材质量的影响,另一方面受到编导人员、剪辑人员水平的影响。

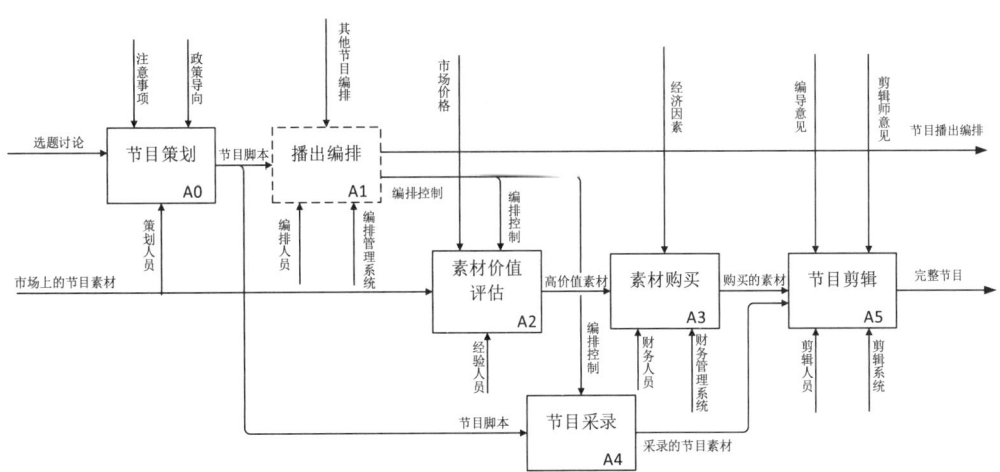

图 3.3 电视媒体内容采编模块业务流程

3.4.1.3 内容审核模块业务流程

内容审核模块的业务流程如图3.4所示。首先,内容审核人员按照审核标准(如国家政策法规、节目脚本及内容质量标准等)进行审核;其次,节目通过内容审核后,审核人员按照审核标准对其进行技术审核,如审核不通过,审核人员要求剪辑人员修改;最终,经过审批的节目进入待播阶段。

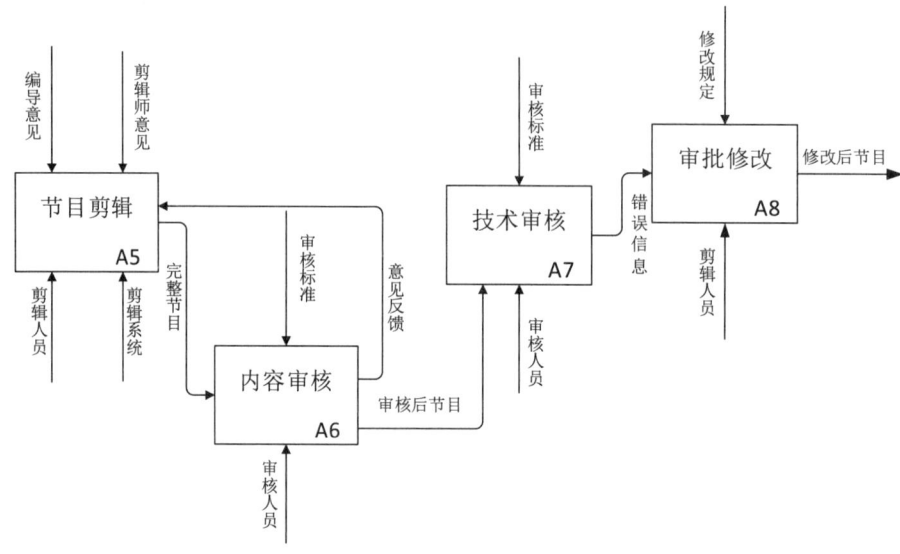

图 3.4　电视媒体内容审核模块业务流程

3.4.1.4　内容播出与存储管理模块业务流程

电视媒体内容播出及存储管理模块的业务流程如图 3.5 所示。在内容审核合格后,节目会按照播出时间进行送播。节目播出时要进行播出监看并获得观众反馈,相关人员将完整节目通过蓝光碟或硬盘进行存储,并录入媒体资产管理系统,以备后续的调用。

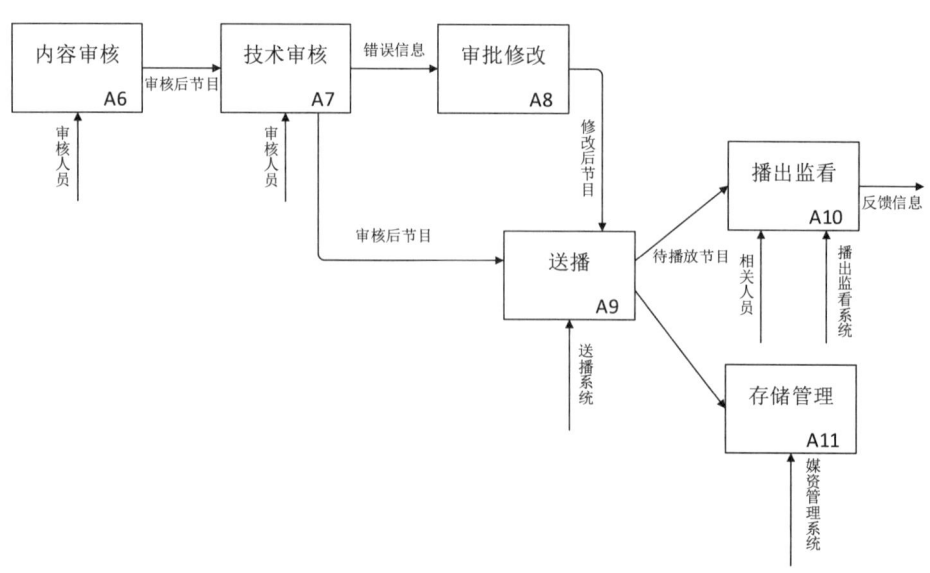

图 3.5　电视媒体内容播出及存储管理模块业务流程

3.4.1.5 传播效果分析模块业务流程

传统电视媒体主要依托央视索福瑞、尼尔森等第三方的媒体调查报告获取关于自身内容传播效果的信息。以中央电视台(以下简称央视)为例,央视的媒体调查由央视调查咨询中心、央视索福瑞媒介研究有限公司(CSM)和央视市场研究股份有限公司(CTR)3家专业化公司负责。如图3.6所示,在节目内容播出时,第三方调查公司会通过抽样调查的方式对节目内容的收视率进行调查,并结合电视媒体播出监看系统信息共同为下一轮节目策划提供支持。

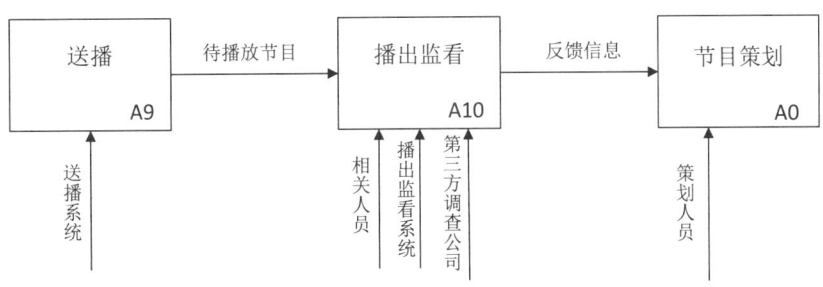

图3.6 电视媒体传播效果分析模块业务流程

3.4.2 嵌入智能技术后的业务流程框架

在应用智能技术后,传统媒体逐渐演变为智能媒体。现阶段,媒体机构广泛使用智能技术,这些技术基本涵盖了全业务流程。一部分业务流程在智能技术的驱动下产生了直接变革,另一部分业务流程通过智能技术实现了效率优化,流程本身没有发生大的变化。智能技术也为媒体机构带来了新的业务环节,如内容挖掘、全媒体稿件制作、云存储和传播效果分析等。这些新环节依托智能技术大大提高了效率和能力,并将原本需要完全依赖外部企业服务的业务转至媒体机构内部,优化了媒体价值链。引入智能技术后的电视媒体业务流程框架如图3.7所示。

以下我们将引入智能技术后的电视媒体业务环节综合为几个模块进行详细阐述。

3.4.2.1 大数据分析技术助力内容挖掘与策划

内容挖掘环节主要运用了大数据分析和人工智能技术。数据主要来源于两个渠道:第一个是利用爬虫技术抓取各门户网站和社交媒体平台等的热点信息,第二个是从IPTV(交互式电视)、短视频平台等网络端获取已播内容的反馈数据。这两方面的

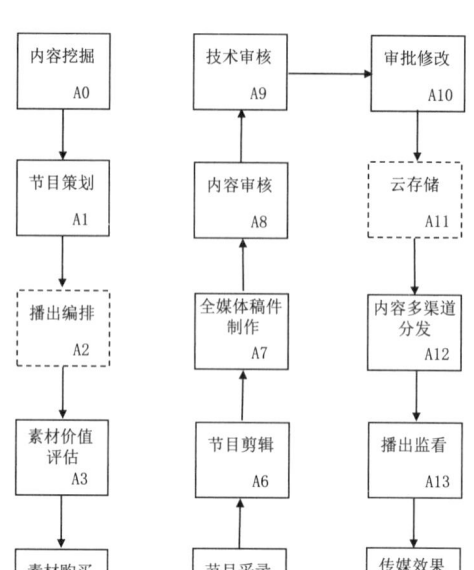

图 3.7 引入智能技术后的电视媒体业务流程框架

注:虚线框表示可以灵活调整顺序的环节。

数据被实时高效地传输到媒体的大数据分析平台,智能推荐系统可以针对热点和观众的偏好进行选题智能推荐,为媒体策划人员的选题提供支持。目前,大多数主流大中型媒体已经实现了智能化选题。内容策划环节更多地依赖于数据挖掘技术和人工智能技术,它能够实时分析网上舆情生成热点事件,并自动进行热点推送,为媒体机构内容策划提供参考。引入智能技术后的电视媒体内容策划业务流程如图 3.8 所示。

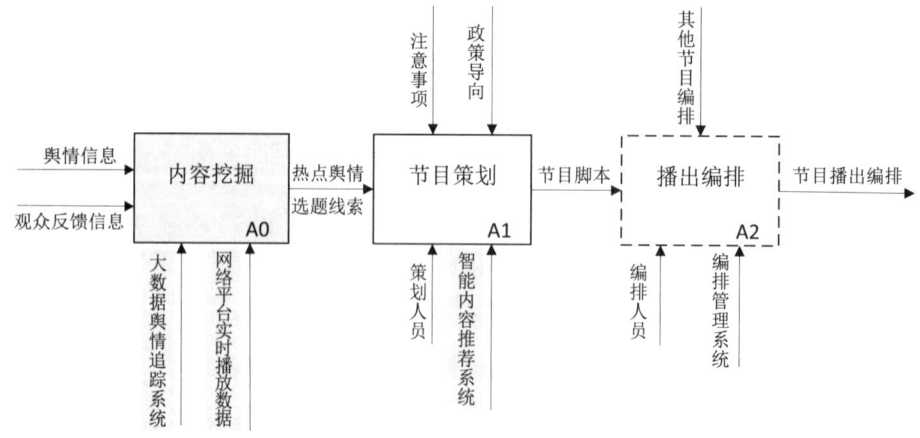

图 3.8 引入智能技术后的电视媒体内容策划业务流程

注:图中深色部分是新出现的业务活动。

以北京电视台为例,该电视台智能技术的应用最早从大数据技术开始。自 2014 年起,北京电视台就开始搭建大数据分析平台,数据来源包括 IPTV 和其他与北京电视台合作的互联网平台,同时北京电视台也通过爬虫技术获取海量的其他网上数据。智能技术的应用场景主要包括:通过汇聚线索和热点分析为节目的创意与策划提供帮助,通过受众分析为广告运营方面提供支持,通过对投放到爱奇艺等网络端视频平台的数据进行实时回传分析,提升网络端视频剪辑的效率。

3.4.2.2 全媒体稿件采编云端化提速增效

基于云计算平台的媒体云端策、采、编、发技术已经有了很多产业应用。在素材价值评估环节,媒体机构利用爬虫技术获取在线大数据,对素材进行智能价值评估,自动推荐高质量素材。在采编环节,媒体利用智能剪辑软件进行全媒体稿件制作,实现"一次采编,多渠道分发"。这种模式一方面允许采编内容通过电视播出,另一方面这些内容也可以在 IPTV、其他网络视频平台以及社交媒体平台上播放。引入智能技术后的电视媒体内容采编业务流程如图 3.9 所示。

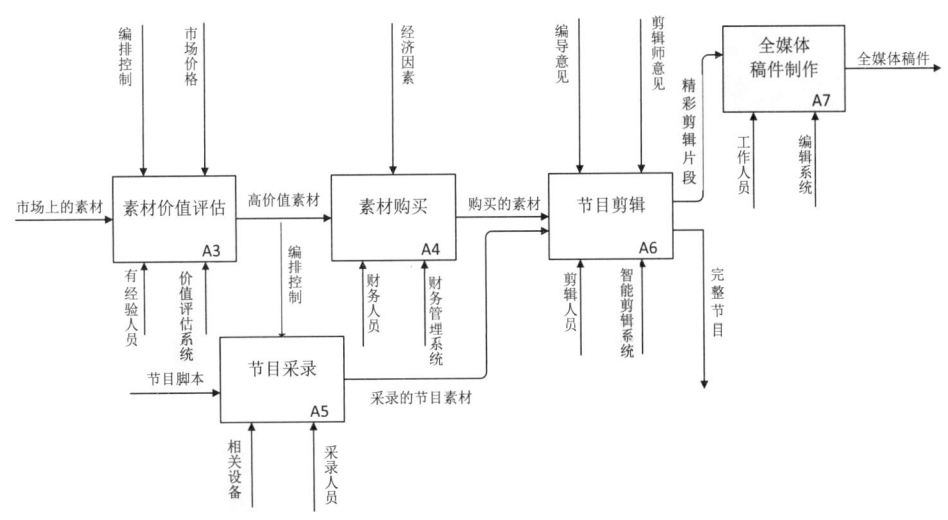

图 3.9 引入智能技术后的电视媒体内容采编业务流程

3.4.2.3 人工智能技术辅助内容审核

媒体内容审核一直是媒体机构在内容发布前必不可少的环节,传统上依赖审核人员审核的方式费时费力。许多媒体机构为了提高审核效率,采用了人工智能技术辅助审核,通过算法初步筛选,然后再由人工进一步确认。目前的审核算法精度还无法完全满足媒体的需求,特别是在新闻报道中,当涉及国家政治和社会民生等敏感话题时,需要更加谨慎。因此,许多媒体机构仍然采取人工审核的方式,以确保内容的准确性。

此外,智能审核也进一步在财经、体育和娱乐节目方面扩大了应用范围。引入智能技术后的电视媒体内容审核业务流程如图 3.10 所示。

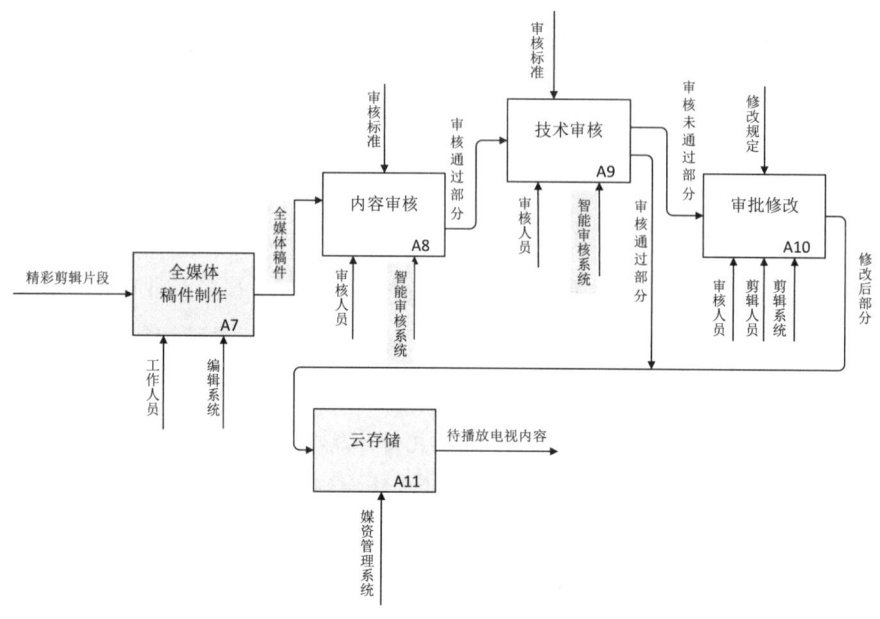

图 3.10　引入智能技术后的电视媒体内容审核业务流程

3.4.2.4　5G 与智能语音技术优化内容分发和存储

引入智能技术后,媒体通常会将采编内容等放置在云端,以提升媒体资产的使用效率。为了提升业务效率,媒体通常会采取一次采编、多端播放的方式,通过云端内容的调用,直接将节目传输至有线电视、IPTV 及其他互联网媒体平台播放。随着智能技术的进一步应用,部分媒体已经实现了采编实时上传云端并通过 5G 技术传输高清内容,极大地提高了重大事件的报道效率。由于云端存储空间和成本的限制,有时媒体会将历史素材转为蓝光盘或以磁带形式存储于传统的媒体资产库,在媒体资产库的编目和调用上,基于人工智能的智能语音技术为业务人员提供了极大的便利,提高了他们调用历史素材的效率。根据不同播出终端的特点,电视媒体会采取不同的播后传播效果分析方法。例如,北京电视台会直接购买第三方互联网视频平台的数据分析服务。引入智能技术后的电视媒体内容播出及存储业务流程如图 3.11 所示。

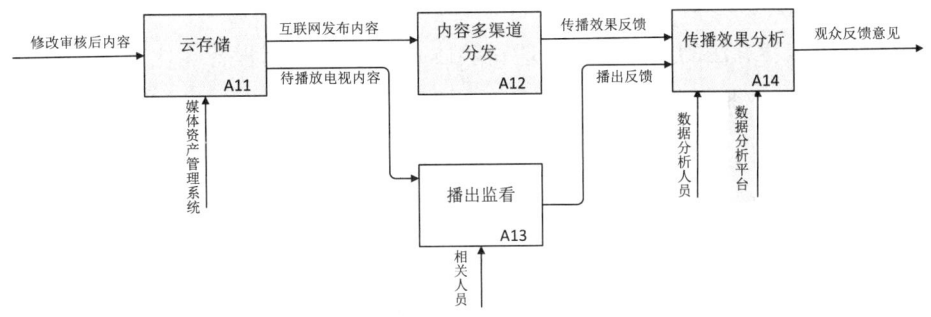

图 3.11　引入智能技术后的电视媒体内容播出及存储业务流程

3.4.2.5　多源数据挖掘支持传播效果分析

传播效果分析环节主要依赖于大数据分析技术。过去,媒体主要依靠外部收视率调查机构来评估传播效果。在引入智能技术后,媒体机构一方面继续购买第三方媒体调查机构的数据及分析报告,另一方面把传播效果分析纳入内部业务流程。随着电视媒体内容播出平台的多元化,内容也开始出现在自建的 IPTV、央视频等短视频平台、优酷等视频网站中等。在内容多渠道分发和经过播出监看后,传播效果反馈数据和工作人员的监看数据通过云端实现实时存储,大数据分析平台则对数据进行处理及可视化,为后续的内容挖掘和节目策划提供支持。引入智能技术后的电视媒体传播效果分析业务流程如图 3.12 所示。

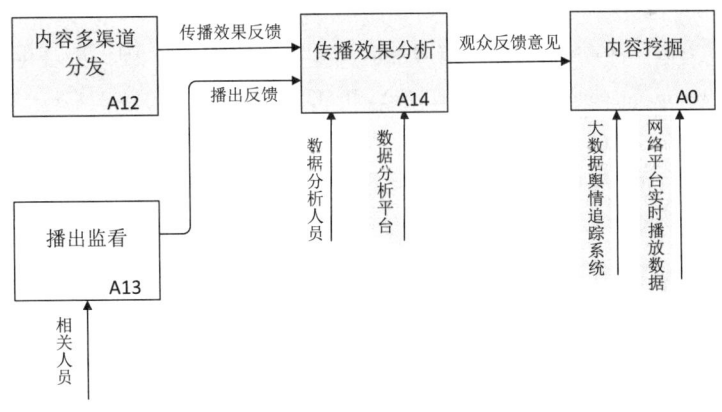

图 3.12　引入智能技术后的电视媒体传播效果分析业务流程

3.5　本章小结

在当今数字时代下,媒体业务流程的智能化提高了内容生产的效率和质量、增强了安全性、推动了媒体行业的数字化转型,为媒体行业的可持续发展带来了巨大好处。

本章结合案例探讨了人工智能技术在中央厨房式的业务流程管理、工作室制的业务流程管理、基于推荐算法的业务流程管理和媒体直播平台全流程智能化管理中的应用。尽管不同类型的业务流程管理环节会有差异,但是各个环节都有人工智能技术的应用和支持。例如,在内容生产阶段利用人脸识别、虚拟主播等技术,媒体为用户提供了更具创新性、多样化的内容创作方式,激发用户的创作热情,同时有利于内容质量的提高。在内容推荐环节,媒体利用人工智能建立个性化匹配机制,为用户提供更精准的推荐,提升用户满意度。在内容审核方面,人工智能技术在实时内容审核中发挥着关键作用,保障内容的合法性和规范性。媒体直播平台通过智能化管理全流程,包括数据分析、内容推荐、内容审核和人工智能直播,提高了直播质量。媒体业务流程的智能化促进了内容的创新和多样性,提升了用户体验,也加强了内容的安全性,为媒体行业带来了前所未有的机遇。

参 考 文 献

[1]田维钢,刘倩. 自媒体短视频内容监管的内涵要求、逻辑生成与实现路径[J]. 当代传播,2022,(6):90-94,107.

[2]WESKE M. Business process management:concepts, languages, architectures[M]. Berlin, Heidelberg:Springer-Verlag, 2012.

[3]李艳峰. 新媒体时代电视媒体的转型升级策略研究[J]. 今传媒,2017,25(8):91-92.

[4]腾讯媒体研究院,2022媒介使用行为洞察报告[EB/OL]. (2022-04-28)[2023-10-11]. https://mp.weixin.qq.com/s?__biz=MzIzNzYwMzM3Ng%3D%3D&mid=2247563624&idx=1&sn=3ef62056c2ac3fe bea10bdb9b93db026&scene=45#wechat_redirect.

[5]徐蕾,常晓洲,姚雯雯. 媒介融合背景下《人民日报》数字化转型研究[J]. 新闻爱好者,2018(1):88-93.

[6]快手CTO陈定佳:用有温度的科技,构建快手平台生态[EB/OL]. (2019-09-17)[2023-09-10]. https://baijiahao.baidu.com/s?id=1644888172390333971&wfr=spider&for=pc.

[7]鞭牛士. 快手技术副总裁王仲远:快手以AI技术推动音乐大众化发展[EB/OL]. (2021-06-09)[2023-07-11]. https://baijiahao.baidu.com/s?id=1702076157344932856&wfr=spider&for=pc.

[8]科大讯飞赋能融媒体,携手央视等权威媒体打造多款AI虚拟主播[EB/OL]. (2019-07-26)[2023-10-12]. https://www.sohu.com/a/329515014_100159151.

第4章 智能媒体人力资源管理

4.1 智能媒体人力资源管理的特点

云计算、大数据和人工智能等技术赋能人力资源管理,可以实现人力资源管理的数据化、网络化、智能化、平台化和精细化,加速管理模式的创新。数字化平台已经成为人力资源管理的核心支撑,各种智能技术广泛渗透到招聘、培训、考核、薪酬以及职业发展等人力资源管理活动中,基于数据驱动来优化和改进管理流程,精准分析和预测工作绩效,创新人机协同和员工协作模式,提升人力资源管理价值。媒体是从事内容生产的机构,产出创意和内容的人力资源是基础的核心竞争力来源。利用智能技术,实现智能化人力资源管理,提升人力资源价值和管理效率是智能媒体机构必由之路。总体上,智能媒体人力资源管理有以下5个主要特点。

4.1.1 以数据驱动为基础

在智能媒体环境中,内外部人力资源数据能够被实时采集和监测,媒体机构基于大数据分析能够实现人岗匹配,也能够按照需求数据实现动态重组,实现内容生产和服务团队的快速组建。基于数据驱动,媒体机构能够最大限度地提高组织的灵活性,提升组织效率,为员工提供便捷服务,提升员工体验,激活个体活力,加速创新性媒体产品输出。

4.1.2 以提升员工体验为中心

在智能化浪潮下,体验经济开始盛行,脱胎于客户体验的员工体验成为新的被关注焦点。员工体验不是短期的行为结果,而是贯穿于员工从接触企业招聘信息开始到员工离职的全过程,是员工对企业的整体认知与感觉。员工体验是复杂因素综合影响的结果,不仅涉及员工的感官、情感、情绪等感性因素,还涉及员工的知识、智力、思考等理性因素,以及工作本身的特有属性、工作场所的客观环境与人文环境、企业为员工提供的个性化关怀等。

在人力资本管理视角下,人力不仅是资源,还是能够创造独一无二价值的资本力量,员工体验的重要性前所未有,是现代企业的核心竞争优势之一。重视员工体验有很多好处,如能够有效吸引优秀人才的加入,提升员工敬业度和工作绩效,激发个体创新活力,减少员工心理问题。总体上,可以认为员工体验是人力资源管理实践与员工福祉和绩效之间关系的"桥梁"。德勤公司2019年全球人力资本的调查显示,80%的企业高管认为员工体验对公司至关重要,但只有20%的高管认为公司的员工体验很棒,可见员工体验还有非常大的提升空间。

融媒体、全媒体和智能媒体是媒体产业的主要变革方向,新型媒体人才成为媒体机构竞争取胜的关键因素。近年来,大量人才从传统媒体机构流出,使得传统媒体竞争力不断削弱。如何吸引人才、留住人才和用好人才已经成为智能媒体竞争的关键问题。以员工体验为中心无疑是智能媒体人力资源管理思想的核心,是解决人才匮乏问题的关键。人力资源管理不再利用政策、行政指令、奖惩措施等手段,而是关注每个人的特征和期望,协调个人成长和机构发展的关系,实现有效沟通,全方位提升员工体验,让员工在媒体智能化转型中成为创新、创业、创造的主体。人力资源管理从员工体验出发,让每个人都能够实现其愿望和价值,让个人和组织成为价值一致的新型共同体。

智能人力资源管理系统为获取和分析员工需求与体验提供了技术条件,也为提升员工体验提供了操作系统和机制。基于大数据和人工智能分析,媒体机构能够及时掌握员工体验状态,通过数字化方式实现反馈并优化和改进组织行为,在实时状态下让员工体验不断提升。

4.1.3 与全媒体运营需求相匹配

媒体融合和全媒体运营要求媒体机构的人力资源必须是复合型人才,不仅需要具有能够采集和编辑处理各种媒体内容的能力,还需要具有分析用户需求和新媒体传播情况的能力,更需要具有极强的对新设备、新软件的学习和使用能力。媒体人才必须适应媒体融合、全媒体运营和智能化趋势,才能适应时代变革的需要。

在实践中,大量媒体机构通常拥有较多的采编人才,但缺乏熟悉融媒体和全媒体运营的复合型人才。一些研究者指出,目前社会上能够推动数字化媒体转型升级的全媒体人才是非常缺乏的,即集实现内容采编、技术开发及运营三种能力于一身的人才非常缺乏。外部引进人才和内部培养人才是解决这一问题的通常途径。智能媒体的人力资源管理必须与当前传媒业的变革相适应,与融媒体和全媒体建设的需要相匹配。

4.1.4 跨组织边界集成人力资源

随着智能媒体平台化的推进,内容生产不再是专业采编人员的专利,多元内容供给的用户生成内容、专业机构生成内容和 AIGC 逐渐成为常态,跨越组织边界的生态化组织成为智能媒体实际上的组织形态。与传统媒体人力资源管理局限于组织内部不同,智能媒体的人力资源管理必须适应上述变化,构建跨越组织边界的管理系统。

一些研究者将智能时代的企业组织称为平台型组织或生态化组织,实质就是强调企业跨边界的组织和运营能力。例如,湖南广电以湖南卫视和芒果 TV 为双引擎,打造了由网络视频、互联网电视、IPTV、移动客户端共同构成的芒果生态圈。智能媒体人力资源管理要在媒体生态体系的宽广范围内构建全景图,覆盖生产内容的用户、外部合作的专业团队,相关人工智能软件及其开发者。这种方式可以帮助企业全方位收集人力资源管理相关活动的各种数据,形成全方位的智能媒体运营场景和生态体系,改变企业的商业模式,提升员工体验,激发员工创新活力,最终提高经营效益。

4.1.5 适应复杂人机融合环境

智能媒体发展不仅需要具有各方面知识和技能的复合型人才,还需要人机深度融合和协同运作。人力资源管理要适应这种全新的人机融合环境,在促进媒体智能化转型和人机融合的同时,还需要特别注重新型人才的招聘、培养,激发人力资源的积极性。

4.2 智能媒体人力资源管理流程

4.2.1 制订人才战略与规划

人才战略与规划是智能媒体人力资源管理流程的第一个环节,目的是提升组织效能,确保人才战略目标与企业经营战略目标的一致。人才战略与规划需要组织对未来人力资源需求进行有效预测,并尽力制订出满足需求的规划,但外部环境通常处于快速变化中,企业难以快速收集完整的外部信息和内部信息,出现偏差就难以避免,制订的人才战略与规划事实上难以满足企业战略发展的需要。智能技术赋能为消解人才战略规划的相关偏差提供了解决方案。首先,大数据分析能够在对内外部信息进行全面收集的基础上,帮助企业决策者准确评估企业内部人力资源分布状态、人员的需求以及外部人力资源市场和竞争环境中存在的机遇与风险。其次,人工智能技术能够通过数据统计、模型构建与预测分析,辅助性生成人才战略规划初步方案。在此基础上,人力资源管理者和决策者结合自身知识与经验对初步方案进行修改和完善,实现人机协同,最终完成具有操作性的人才战略规划。最终的方案能够实现企业战略发展、员工心理预期和企业人才成本最小化的统一。同时,智能人力资源管理系统能够对关键人才需求提出引进和培养的建议,有效地解决人岗失配、人员流失问题。

通过智能技术赋能,人力资源管理实现智能化,由此制订出更加有效的人才战略规划,这对于媒体机构引入和培养创新型融媒体、全媒体人才,加速媒体转型具有重要价值。

4.2.2 提升人才招聘效率

传统媒体机构向智能媒体转型需要引入大量复合型人才,人才招聘是实现这一目标的关键步骤。引入并留住高素质人才,媒体机构需要创造一系列的软硬件条件,如提供广阔的职业发展空间、优化创新创业环境以及营造良好的人文氛围等;还需要充分利用智能技术,实现科学引才,科学留人。

传统的招聘环节通常以面试为主,但粗略的简历筛选、有限次数的面试以及面试者的主观因素,难以实现引入人才和岗位的最佳匹配。因此,智能推荐匹配度高的候选人是必要的。引入智能技术是实现有效招聘的重要措施。媒体机构可以利用大数据和人工智能技术对招聘信息进行推送,并对面试者的个体特征进行分析,筛选简历。在面试环节,人工智能技术可以对面试者进行综合评价,再由面试官面试,这不仅能提高效率、降低招聘成本,还能招聘到与企业发展更匹配的人才。另外,人工智能技术还可以跟踪新入职员工的工作数据,构建人才画像,帮助企业匹配合适的候选人。建立在数据基础上的人工智能运用能够减少招聘环节的信息偏差、个人偏见和刻板印象等。总体来看,人工智能技术能够帮助企业识别和解决以下问题:哪些群体是企业的潜在招聘对象,应聘者与企业的工作岗位是否匹配,哪些应聘者更有可能成为优秀员工。

大量案例已经说明了人才招聘环节引入人工智能技术的价值。例如,在美国的一次猎头竞赛中,人工智能程序只用 3.2 秒的时间就从 5500 份申请人简历中筛选出了初步符合条件的候选人,并对他们进行了评分和评级。IBM(国际商业机器公司)采用人工智能技术后,求职者和招聘单位可以通过聊天机器人进行实时互动,从而获得更为个性化的求职流程。IBM 还应用 Watson(沃森)招聘系统中的人工智能技术为公司的各种职位推荐最佳候选人,为员工推送公司内部空缺职位信息。

4.2.3 推进人才培训与培养

人才引进来,不能放任不管,还需要持续培训和培养,以帮助员工不断成长为高价值人才。媒体机构的通常做法是通过人力资源管理部门制订人才培训计划,定期组织和实施培训课程,员工从中获得相关的知识和技能,实现自身成长的同时助力企业发展;然而,当前媒体领域正处于持续的剧烈变革中,这种机械式的培训模式存在一些明显的缺点。例如,重视知识培养而忽略能力成长;统一组织的无差别培训课程,难以满足员工的个性化知识和技能培养需求;融媒体、全媒体时代需要复合型人才,有限且单一的培训课程设计难以适应这种需求;员工学习的知识和技能与他们的具体工作脱节,与员工的长期职业发展关联薄弱。智能媒体的建设和发展对媒体人才的知识与技能提出了新的要求,同时智能技术也为培训和培养媒体人才新技能提供了新的条件与环境。首先,大数据技术可以采集员工在学习和工作中的教育背景、个人经历、学习与绩效表现、职业兴趣和职业目标、情绪体验等状态数据,进行大数据统计分析,构建人才画像,明确不同员工的职业发展诉求和个性化学习需求。其次,人工智能建模分析可以明确对每个员工真正有用的培养和培训偏好资源。接下来根据分析结果,媒体机构为每个员工制订个性化的培训方案,并从员工体验出发,给员工推送成长计划提醒,调动员工参与积极性。最后,媒体机构利用虚拟数字人教学、虚拟数字人伴读、VR/AR、大数据、智能问答机器人、慕课、知识社群等技术构建的智能学习平台,让员工获得高效、高质量的个性化培训课程,实现员工和企业双重成长。

在上述过程中,员工的培训和培养全过程数据能够被完整记录下来,这些数据不仅能够作为进一步培训和培养方案设计的依据,还能够为员工的职业晋升、岗位轮换、寻找新工作机会等方面的职业发展提供参考。例如,IBM 的经理会收到针对每个员工的需求量身定制的提醒,经理也会在员工离职倾向加大时收到提醒,此类提醒会进一步给人力资源部门提供决策建议,帮助管理者做出符合人才管理战略的决策。

智能技术不仅能够为高效率、高质量的个性化学习提供支撑,还能够提供更加全面客观的人才洞察,这些洞察为媒体机构的人才配置和人才战略规划提供了重要依据。例如,亚洲某银行通过对其员工的人才数据分析发现,高绩效员工不一定毕业于优秀的院校,而是分散于众多院校和培训机构;该银行还发现高绩效员工的历史工作职位和现在的职位之间存在一定关联。IBM 业务影响研究表明,学习与业绩之间存在直接关系,员工学习意愿越强烈,整体表现越出色。

4.2.4　助力绩效考核

在外部环境发生剧烈变化的背景下,媒体产业已经过多次改革,绩效考核体系逐步完善,但仍存在与当前融媒体、全媒体和智能媒体建设不匹配的问题。在传统媒体发展时期,媒体策、采、编、发等岗位工作都比较单一,绩效考核相对固定和僵化。媒体融合和全媒体建设打破了部门界限,这要求员工具备更多的技能和能力,再加上创意内容生产和服务工作相对无形,科学的绩效考核体系设计成为一个具有挑战性的问题。近年来,围绕融媒体、全媒体和智能媒体建设,媒体机构对绩效考核体系进行了适应性调整,以更好地激励人才。例如,不局限于将发行量或收视听率作为绩效考核的标准,把互联网传播数据也纳入绩效考核体系;采用工作室制度鼓励创新,以工作室为单位进行绩效考核;打破编制界限,编内编外同工同酬;对引进人才采用个性化的绩效考核办法,多劳多得;明确责任体系,实现责权利统一。这些举措在一定程度上解决了一些问题,但由于媒体机构绩效考核的复杂性,并没有从根本上解决传统媒体的人才流失问题。吸引人才、用好人才、留住人才、激活人才是绩效考核要解决的核心问题。

智能媒体的建设是全方位的,基于智能技术应用的绩效考核是其重要的组成部分。相对于以往基于人的主观性的评价,人工智能可以收集和采用更加全面、客观的绩效数据进行评估,并对预期绩效进行合理预测。基于深度学习技术,媒体机构可以不断更新和升级考核方案,完善数据源,使得考核更加全面和客观。基于人工智能分析,媒体机构不仅能实现对员工更公平的考核,还能发现绩效差异的原因,并结合员工的职业兴趣、能力和素质,提出人员调岗建议,实现员工和岗位的动态精准匹配;同时,在此过程中,媒体机构也能及时了解员工工作状态、分析离职态势等。

需要指出的是,人工智能技术运用于员工的全方位考核,有可能让员工产生"电子全景监狱"的负面感受,媒体机构需要综合考虑这些负面因素,设计恰当的绩效考核模型和系统。

4.2.5　支撑薪酬福利

智能技术能够广泛应用于薪酬福利体系。通过大数据分析,媒体机构可以制定合理的薪酬福利管理制度,促进人力资源开发和管理,提升员工薪酬满意度和幸福感。基于人工智能技术,媒体机构内部不仅可以根据员工的偏好选择个性化薪酬组合和福利计划,还可以获取外部市场薪酬数据,分析对每一个员工薪酬福利分配的合理性,动态捕捉员工对得到的薪酬、激励、认可的实时表现,寻求薪资设计与激励的"最优解"。

一些案例证实了人工智能技术在薪酬福利方面的价值。IBM公司基于人工智能技术开发了一套薪酬福利决策软件,帮助企业决策者制订薪酬福利计划,结果显示,依赖人工智能的分析能力制订的薪酬福利计划方案,能够有效避免过高或过低的不合理薪酬安排;谷歌引入人工智能预测算法,通过及时个性化地调整员工的薪资水平来避免人才流失;英国的大型银行纷纷建立多水平计算模型来捕捉薪资水平的跨区域变化,从而在不同的地区吸引和保留员工。

4.3 智能媒体生态的人力资源管理

随着智能媒体的深入发展,媒体机构的边界被打破。从内容生产角度来看,用户生成内容、专业机构生成内容、人工智能生成内容得到了广泛应用,一些传统的工作岗位逐渐消失,而创意性的内容生产越发重要。创意性的内容生产需要开放式的内容创新平台和环境,以及生态化的媒体内容生产模式。从技术角度来看,人工智能技术的行业应用打破了传统的人力资源管理生态和就业现状。原来需要人工来完成的程式化工作正逐渐转移给人工智能程序来完成,如数据新闻、机器人新闻写作、计算广告等。从合作角度来看,智能媒体的参与者包括了编制内员工、编制外员工、外部合作的用户个人、外部合作的专业机构、机器人等,媒体机构与智能技术厂商、互联网服务商形成了紧密的跨边界生态合作关系。在此背景下,智能媒体的人力资源管理不能局限于一个封闭的组织,而需要在生态合作关系中系统地进行人力资源管理。生态化的人力资源管理,难以依靠人力实现,必须借助于智能技术的赋能。智能技术与媒体的融合不仅提高了媒体的运作效率,还重塑了媒体的人力资源管理模式和框架。在智能媒体生态中,通过标记不同的数据来源,给数据打上不同的标签,对不同标签的数据进行分析,智能人力资源管理平台能实现对人力资源所有活动的全方位管理。前述的人力资源管理流程的基本框架同样可以应用于智能媒体生态,只需要对不同的参与者角色进行标记和区分,设计不同的规则体系,按照不同的合作模式进行自动化处理。

4.4 智能媒体人力资源管理案例

4.4.1 字节跳动的人力资源管理

4.4.1.1 员工培训和管理

字节跳动根据每个员工的特点,定制专属培养方案,不会用级别和职能来设限。公司针对不同阶段提供不同的员工培训内容。

（1）新员工培训。入职前3个月,新员工都要参加"New Bytedancer Playbook"线上培训,按照新手指南布置的任务"升级打怪"。该培训可以帮助员工更快地了解公司。

（2）员工持续成长培训。Bootcamp、Wiki、Docs、头条圈、Learning、KM 等都是公司内部分享交流平台,可以从"飞书"的应用中心一键接入,支持员工的学习和交流。公司内部的学习平台 Bootcamp 对公司内部全体员工开放,方便员工学习交流和产出内容。平台上汇聚了公司众多优秀讲师,积累了技术类和素质类等课程近200门,并每周至少新增3门课程;针对不同的技术方向,平台提供入门、进阶和高阶不同程度的体系化课程指导。另外,平台还提供公司文化和工具普及、技术人才的成长图谱、自发组织的兴趣活动社区等功能。

（3）员工分享、交流活动。每周有一次员工自己主讲90分钟的机会,各部门主讲人都可以分享自己参与的工作、小创新、行业前沿进展等,来自全球各地的员工都可以到现场或在线直播参与互动。

4.4.1.2 飞书 OKR 管理工具支持团队协作

字节跳动孵化了企业级办公协同产品"飞书",包括即时通信、在线文档、日历、视频会议和线上办公室的办公套件。飞书覆盖所有公司内部员工,专注提升协同效率。飞书 OKR(Objectives and Key Results,目标与关键成果)管理工具是一款 SaaS(Software-as-a-Service,软件即服务)级的应用产品,为企业配备了专业的服务团队,主要负责传递 OKR 的理论精髓,让企业 OKR 的实施更加顺利。飞书 OKR 支持进度跟踪、划词评论、数据看板、权限管理以及管理者和员工之间的目标统一化等功能,为用户提供可视化的全流程管理系统。在企业 OKR 的实施过程中,有效的沟通更为重要,飞书 OKR 从制定、中期跟进到完成及评分,进度一目了然,便于团队目标一致地做好进度管理及协同。此外,飞书 OKR 能够聚焦重点项目,针对问题随时进行线上协作沟通,并且及时更新进度,让沟通更为高效,也让目标更快地达成。飞书 OKR 通过量化的关键结果和评分机制,将标准量化,驱动团队和个人不断达成目标,共同进步。

4.4.2 快手人力资源管理

快手与 Udesk(沃丰科技)合作,探索更加便捷、高效的人力资源服务解决方案。Udesk[①] 是国内较为领先的智能客户体验平台,依托云计算、大数据、人工智能技术,将全维度的智能系统应用到企业客户体验管理的各个场景,用技术帮助企业建立体

---

① 沃丰科技官网,https://www.udesk.cn/。

验经济时代的核心竞争力。通过与 Udesk 合作,快手结合人工智能和大数据技术,可以实现内部人力资源管理的系统化、集中化、信息化,为传统的企业人力共享服务带来新的变革。例如,Udesk 系统可以让快手实现人力资源工作的系统化管理,快手人力资源部门线上就可以轻松应对员工的休假、补助、报销、开具证明等需求,有效提升工作效率和工作质量,为快手人力资源决策拟定提供全面有效的数据支撑。

4.4.2.1 在线客服一站式集成需求

面对各种人事需求,员工往往根据自身习惯,选择通过电话、邮件、发信息或者现场咨询来解决问题。快手基于 Udesk 搭建了人力资源共享服务平台,将内部人力资源沟通系统统一集成在 Udesk 工作台上,并将常见问题以标签形式集成在窗口。员工登录窗口,即可根据自身需求进行相关咨询。通过一站式工作台集成,快手可以随时随地为员工链接人、事、财务等数据,有效提升团队协作效率。

4.4.2.2 知识库全面覆盖

Udesk 为大型企业提供了内部共享服务,服务包括建立完善的知识库。该知识库涵盖公积金制度、请假规则、人力资源制度查询、定点医院变更、证明开具、报销相关、补助津贴等,并且针对不同地区的规则有所差异。Udesk 服务了星巴克、海能达等众多大型企业,具有比较成熟的解决方案。Udesk 知识库通过对快手公司制度的导入,能够大幅度提高员工问题解决率。

4.4.2.3 机器人自助服务提升效率

结合人工智能和大数据技术,快手可以让机器人代替人力资源员工执行基础的事务性工作,提供全天候接待咨询服务。大部分员工问题可以通过人力资源机器人自动响应和解决,减少了人力资源部门事务性工作量,实现了人力资源部门人员的集约化利用,有效提升了员工满意度。对于复杂的业务问题,机器人可以根据员工的需求,将问题分解为若干个流程,引导员工一步步按照流程去解决。这种方法不仅提高了解决问题的效率,而且使员工感到更加便利和满意。

4.5 智能人力资源管理解决方案

随着科技的不断发展和人力资源管理的不断创新,市场上涌现了很多人力资源解决方案,不同的人力资源解决方案具有各自的特点和适用场景。因此,企业可以根据自身需求和实际情况选择合适的解决方案,实现人力资源的精细化管理和优化。本节将从主要功能简介、职能属性和应用场景3个方面,对具有代表性的北森人力资源管理解决方案、SAP(思爱普公司)人力资源管理解决方案和Oracle(甲骨文公司)人力资源管理解决方案进行阐述与探讨。

4.5.1 北森人力资源管理解决方案

4.5.1.1 主要功能简介①

北京北森云计算股份有限公司(以下简称北森)成立于2002年,是一家人力资源科技公司。通过创新的一体化人力资源SaaS及人才管理平台iTalentX,北森为中国企业提供了人力资源管理场景中的技术和产品,包括人力资源软件、人才管理技术、员工服务生态、低代码平台的端到端整体解决方案,覆盖员工招募、入职、管理到离职的全生命周期。iTalentX平台的功能包括表4.1中的8个方面。

表4.1 北森人力资源管理主要模块

功能名称	描述内容
招聘云	一体化的智能招聘平台。核心功能包括整合运营招聘渠道、智能管理招聘过程、数据驱动业务决策和多端/多角色招聘协同
测评云	专业人才测评工具及服务,用于科学识别人才。从潜力、胜任力、知识技能三大视角进行人才评估,预测人才表现与组织效能。应用场景包括校园招聘、社会招聘和人才盘点。其包括以人为核心的测评、以岗位为核心的测评、智能化考试平台和情景化评估工具
人事云	流程驱动的敏捷组织人事管理。通过组织架构管理,多维度的编制管控,职务职位的体系化搭建,以及流程驱动的员工全生命周期管理,人事云帮助落地人力战略规划,包括组织架构管理、编制管理、极速入职和全景档案
假勤云	排班和智能考勤管理。假勤云通过规则配置,落地假勤制度,支持多种打卡方式,实现精细化管理,包括灵活排班、加班管理、综合工时和假期管理
薪酬云	薪资核算与全方位薪酬管理。其包括准确高效核算薪酬、个税一键直达、高效薪酬激励和预算成本管控
绩效云	全面绩效管理系统。其包括目标管理、沟通反馈、绩效评估、绩效改进和智慧分析
继任云	继任与发展系统。其包括人才全景画像、人才盘点与校准、继任管理和人才发展
学习云	基于PaaS(平台即服务)一体化企业在线学习平台。其主要包括搭建培训体系、确认培训需求及计划、培训项目实施、培训效果评估和数据分析

---

① https://www.beisen.com/。

4.5.1.2 智能属性

北森人力资源管理系统的智能化主要体现在以下几方面：智能人才甄选、智能自助服务、智能业务洞察和智能流程自动化。

(1)智能人才甄选。北森人力资源管理系统涵盖小森简历解析、小森人岗匹配、闪面和小森人才助手。

①小森简历解析。该功能基于深度学习神经网络架构，通过增强 NLP(自然语言处理)技术，从多种类的非结构简历文本中批量、快速、准确、稳定地提取基本信息及技能、经历、经验等信息，形成结构化数据，辅助简历筛选和人才洞察工作。

②小森人岗匹配。该功能基于机器学习、自动建模和模型计算，结合测评数据，深度洞察人才技能、性格、社会关系、胜任力、品质等各项特质，与岗位职责要求进行匹配，学习并模拟人力资源筛选行为，进行智能推荐与淘汰，并主动在人才库中激活匹配的人才。

③闪面和小森人才助手。该功能运用人才评估与数据挖掘技术，如语音分析技术、自然语言处理、计算机视觉技术、机器学习算法等，解构候选人的口语表达内容，预测其追求卓越、学习能力、同理心、坚韧性和抗压能力等 5 项关键胜任力情况，生成智能性分析报告，让企业对候选人的评价从质性转到量化上。

④小森人才助手。该功能基于北森人才管理知识图谱，自动推荐岗位，形成当前岗位统一的人才标准；基于应聘者所做测评，推荐体系化的面试问题，赋能面试官统一面试标准，辅助精准评价，便于后续横向对比筛选。

(2)智能自助服务。北森人力资源管理系统涵盖小森应聘咨询机器人和小森员工服务机器人。小森应聘咨询机器人能及时回应应聘者关于公司信息、岗位信息、招聘信息、福利待遇等问题。小森员工服务机器人能响应员工关于社保、公积金、人力资源流程、财务、IT(互联网技术)、行政等员工常规问题，并通过机器学习积累知识，提升准确率。智能自助服务可以赋能员工服务，释放人力资源效能，提升员工体验。

(3)智能业务洞察。北森人力资源管理系统以小森数据发现为代表，实现数据动态的主动推送，掌握数据变化，提醒用户有关招聘、假勤、组织管理、员工事务、薪酬、绩效、目标等业务场景中的异常。

(4)智能流程自动化。北森人力资源管理系统主要涵盖小森智能外呼机器人和小森 RPA(机器人流程自动化)机器人。小森智能外呼机器人利用自然语言处理、语音识别、语义理解等多项人工智能技术,代替人工拨打电话,协助人力资源部门处理招聘事务。小森 RPA 机器人通过自动化、智能化的技术,将招聘系统内重复性、低价值、无须人工决策的关键固定性操作转化成自动流程性操作。

4.5.1.3 应用场景和行业

北森人力资源管理系统涉及的行业包括互联网、高科技制造、零售连锁等,为不同场景、不同行业提供了对应的解决方案。

哈啰出行选择北森一体化的人力资源 SaaS,在一个系统中其可以完成员工全生命周期的管理,实时汇总分析各类人事数据,包含年龄、司龄、类别、职级分布、各部门在职员工情况与变化趋势、离职情况、可惜离职/汰换离职比率等数据,这些数据通过图表方式按数据权限被呈现给不同层级的管理者,为科学决策提供数字依据。

小鹏汽车选择了人力资源 SaaS 平台,在保证效率和数据准确性的同时把人力资源部门工作人员从大量烦琐的工作中解放出来。该系统上线后,员工的加班工资可以全流程线上完成核算。人力资源部门工作人员只需对少部分的额外数据进行补充,就可以顺利完成加班费统计工作。

名创优品使用了北森的招聘系统,搭建了招聘数字化体系,并将招聘与业务等其他板块融合,从企业内部延长人才推荐与供应的周期。随着人工智能、大数据等在招聘场景中的不断深入,名创优品对候选人的评价、人才盘点等变得更加敏捷、实时。

4.5.2 SAP 人力资源管理解决方案

4.5.2.1 主要功能简介①

SAP 将传统的 HCM(Human Capital Management,人力资源管理)升级为 HXM(Human Experience Management)套件。该套件沿袭了 HCM 的优势,又扩展了 HCM 的功能范围。它的重心不再是支持传统的人力资源流程,而是提供以员工为中心的体验,为员工的整个职业生涯提供支持,并赋能人力资源管理人员。

HXM 套件提供的云解决方案主要包括核心人力资源与薪资核算、人才管理和员工分析模块,可以整合体验数据和运营数据,基于这些数据提供决策支持。SAP 人力资源管理的主要功能模块见表 4.2。

---

① https://www.sap.cn/products/hcm.html。

表 4.2　SAP 人力资源管理的主要功能模块

主要功能模块	细分功能模块
员工体验管理	员工体验调查表 基于人工智能文本分析，实现数字化反馈请求和消息的快速处理 员工生命周期管理：提供基于事件的触发功能，嵌入式报表和定制化报表，以及关键驱动因素统计分析等功能，实现员工生命周期的高效管理 求职体验总体评级
核心人力资源与薪资核算	人力资源运营和员工数据管理：主要包括员工、档案和事务处理，组织管理，工时和考勤跟踪，全球福利管理 薪资核算管理：精准的薪资核算监控，标准化的薪资核算处理，互联的人力资源管理 工时和考勤管理：综合人力资源知识库，人力资源请求管理，嵌入式人力资源服务分析功能 数字化工作场所体验：支持员工获取工作所需的一切资源，智能呈现相关的建议、洞察和操作，提供跨职能部门的引导式体验，建立员工沟通渠道
人才管理	招聘：极具吸引力的求职体验，人才管理系统帮助企业在全球范围内寻找多元化人才，管理应聘者关系，全面管理求职者 入职：数字化的新员工入职登记，入职、离职和转岗 绩效：员工目标管理，持续的绩效管理，全方位的反馈和评估，引导式行动计划 薪酬：引导式薪酬计划，持续性奖励，个性化表彰计划 继任与发展：基于技能的人才培养方案，继任计划和领导力培养，人才审核和校准
人力资源分析和劳动力计划	劳动力计划：分析和预测劳动力供需情况，制订劳动力供需计划，并评估劳动力缺口；确定目标人才管理干预措施，并制订行动计划；打造与财务目标契合的优秀员工队伍 劳动力分析：综合人力资源专家、分析师和业务合作伙伴解决与劳动力有关的问题，借助数据驱动的洞察和现实依据制定人力资源管理方法，推动和影响业务决策
销售绩效管理	激励性薪酬管理：简化激励性薪酬管理流程，利用一键追踪功能，提高付款准确性，利用人工智能，优化计划绩效 销售区域和配额管理：优化销售区域范围，充分提高销售配额完成率，赋能销售人员，降低流失率 销售代表服务周期管理：提升销售代表体验，帮助消除错误并减轻管理负担，自动运行并优化合规管理流程

(1) 员工体验管理。员工体验管理功能模块可以支持员工轻松访问工作所需的资源，帮助员工积极投入工作。企业通过倾听员工的反馈，充分利用员工福利政策，可以提高员工的满意度和敬业度。

(2) 核心人力资源与薪资核算。核心人力资源与薪资核算功能模块能够帮助企业建立人事薪酬管理系统，以管理全球薪资和福利，完善员工自助服务，打造自动化人力资源管理流程，并提高合规性；还可以制定并落实有效的人才激励战略，从而提供有价值的信息和服务,为员工和企业创造更多价值。

(3)人才管理。SAP 的人才管理云软件能够为员工、经理和人力资源管理人员提供所需的工具与指导,使他们能够不受时间和地点的限制,顺利完成工作。人力资源云管理套件能够聘用优秀的人才,提高员工敬业度,培养员工技能,并能确保每个员工都得到合理的奖励和应有的重视。

(4)人力资源分析和劳动力计划。该功能模块能加强人力资源、财务及其他业务部门之间的协作,借助全面预算与分析(xP&A),开启面向未来的战略性劳动力计划与员工分析。全面预算与分析方法将财务计划和运营计划(包括人员配置和劳动力计划)整合成一体。

(5)销售绩效管理。该功能模块通过为销售人员提供必要的工具,使他们助力企业取得成功的同时,确保他们获得与其成就相匹配的薪酬,提升销售人员的绩效,从而提高产品销量,推动业务增长。

4.5.2.2 智能属性

SAP 利用机器学习、人工智能、移动解决方案和聊天机器人,革新人力资源职能,重构用户体验,可为每个员工打造动态、直观的个性化体验。

(1)构建从招聘到退休的一体化流程智能管理方案。SAP 利用 SAP 人工智能解决方案,革新从招聘到退休流程,将员工体验与企业的业务目标紧密联系,优化与聘用相关的所有活动,包括招聘、职业发展、差旅费用、员工留任和离职。

(2)将人工智能技术融入销售和客户体验流程。SAP 借助智能简历筛选功能,快速找到优秀人才;为员工提供个性化的发展规划,帮助员工发挥潜能;借助智能员工管理功能,简化工作流程,让员工专注于重要任务。

(3)借助 SAP 人工智能解决方案,提升员工体验。首先,SAP 制订计划,优化员工队伍;其次,借助 SAP 人工智能解决方案,根据企业的业务目标和市场环境,制定人力资源战略;最后,利用智能人员配置分析功能,优化劳动力计划。

4.5.2.3 应用场景

SAP 的合作伙伴能帮助全球各行各业各种规模的企业充分利用 SAP 的创新型解决方案,实现业务转型,简化业务运营。在 SAP 的生态系统中,合作伙伴多达 26,000 多家。应用行业包括零售、专业服务、消费品、公用事业、公共事业、医疗卫生和高等教育行业。

4.5.3 Oracle 人力资源管理解决方案

4.5.3.1 主要功能简介①

Oracle Fusion Cloud HCM 是 Oracle 提供的一个全面的人力资源云解决方案,可将人力资源流程和每个员工联系在一起。该解决方案的模块主要包括 Oracle ME 员工体验平台、人才资源管理、人才管理、薪资管理,见表 4.3。

表 4.3 Oracle 人力资本管理解决方案主要模块

主要模块	模块主要功能
Oracle ME 员工体验平台	HCM 沟通:基于 Oracle HCM 云中管理的员工属性发送有针对性的沟通消息,洞察沟通效果 触点:通过定期的快速脉冲调查倾听员工心声,实时洞察员工的情绪和敬业度,鼓励员工和经理保持互动 关系:帮助员工快速找到具有特定技能、兴趣或经验的其他人并与之建立关系,帮助员工分享个人兴趣、建立关系和加入社区,支持员工通过彰显自己的技能、成就和工作经验来推销自己的个人品牌 人力资源帮助台:服务请求分析,数据隐私保护 数字助手:支持员工与人工智能驱动的数字助手对话,通过数字助手自动完成重复性任务,基于人工智能驱动的预构建事务构建可扩展平台
人力资源管理	按需提供信息支持:支持员工通过安全、自助、移动响应式方法,高效管理个人数据、PTO 和工资单等 通过全面的空缺和已填补职位视图(包括全球任务分配)来管理人员与预算 劳动力建模和预测:准确预测员工离职风险,重点维系高绩效员工 战略性劳动力规划:准确理解每一项决策对人力资源、财务和运营的影响 防止欺诈和错误:使用人工智能驱动的算法自动识别和应对异常
人才管理	提高招聘效率:充分利用人工智能建议、自排程面试和数据驱动的录用来优化人才招聘,加快招聘速度 个性化学习:基于人才档案和 HCM 套件数据,为员工提供个性化、基于角色的学习建议 薪酬管理:通过灵活的薪酬计划和建模将战略变成现实,满足不断变化的业务需求 利用人工智能和自动化实时更新企业的技能,支持人才计划决策
薪资管理	随时支付:通过支付选项提高财务灵活性,允许员工在需要时领取已挣得的工资,而不是等待发薪日 实时集成:只需提供业务规则和映射值,即可将第三方薪资系统与 Oracle HCM 系统集成 分析薪资对整个企业的影响:随时分析来自多个部门的海量、复杂的薪资数据,更快地招聘、留住和晋升优秀人才,并检测整个企业中的劳动力成本异常

---

① https://www.oracle.com/cn/human-capital-management/。

Oracle ME 员工体验平台主要功能包括 HCM 沟通、触点、关系、人力资源帮助台以及数字助手。Oracle 人力资源管理系统基于统一的数据源规划,管理和优化全球人员工作流程,打造个性化的员工体验,利用高度可配置的工作流实现可扩展性和本地化。Oracle 人才管理掌控人才生命周期的每个阶段,通过端到端的人才管理吸引合适人选,提高工作效率,完善决策。从寻源、招聘、入职、管理绩效、职业发展到继任计划,所有工作都能在一个平台上完成。Oracle 薪资管理可以智能化分析薪资对整个企业的影响。

4.5.3.2　智能属性

人工智能技术在上述功能中发挥了重要作用,智能支持主要体现在以下几个方面:

(1)智能技能联结。第一,人工智能驱动的技能引擎,即利用人工智能和自动化时时更新企业的技能和支持人才计划决策。第二,技能库,即可根据企业特有的语言、文化和行业定制动态技能与职务数据库。第三,自适应学习,即获取动态技能数据和建议,以便在员工、候选人和经理使用系统时进行改进与适应。

(2)智能技能顾问。第一,基于人工智能的建议,即求职者和员工能够利用可添加到他们档案中的个性化技能建议来展示才华。第二,技能发现,即支持员工发现有助于职业发展的新技能。第三,技能驱动的人才管理,即利用可适应和响应企业技能状况的人才管理系统,优化招聘、职业发展和学习流程。

(3)智能技能中心。第一,个性化门户,智能技能中心为员工和经理提供了一个集中管理技能与发展建议的平台,从而推动个人和企业发展。第二,技能众包,即智能技能中心通过同事背书提高所有员工对技能组合的认识。第三,技能分析,即智能技能中心识别技能差距并开展再培训和技能提升项目,为实现企业战略目标提供支持。第四,团队技能中心,即智能技能中心为管理人员提供一个集中位置来回顾、分配和管理整个团队的技能发展内容。

4.5.3.3　应用场景

Oracle Fusion Cloud HCM 应用的行业包括通信、能源和水利、金融服务、食品和饮料、医疗保健、酒店、工业制造、生命科学、零售、旅游和运输等。

4.5.4 常见的智能人力资源管理解决方案对比

表 4.4 常见的智能人力资源管理解决方案对比

人力资源管理解决方案	所属公司	主要功能	智能属性	应用场景
北森人力资源管理解决方案	北森	招聘云、测评云、人事云、假勤云、薪酬云、绩效云、继任云、学习云	智能人才甄选 智能自助服务 智能业务洞察 智能流程自动化	全面深入人力资源管理的各个场景，在互联网、制造和零售连锁等行业都有较广泛的应用
SAP 人力资源管理解决方案	SAP	员工体验管理、核心人力资源与薪资核算、人才管理、人力资源分析和劳动力计划、销售绩效管理	构建从招聘到退休的一体化流程管理方案 将人工智能技术融入销售和客户体验流程 借助 SAP 人工智能解决方案，提升员工体验	应用行业包括零售、专业服务、消费品、公用事业、公共事业、医疗卫生和高等教育行业
Oracle 人力资源管理解决方案	Oracle	Oracle ME 员工体验平台、人才资源管理、人才管理、劳动力管理、薪资管理、HCM 分析	智能技能联结 智能技能顾问 智能技能中心	应用行业包括通信、能源和水利、金融服务、食品和饮料、医疗保健、酒店、工业制造、生命科学、零售、旅游和运输等行业

4.6 本章小结

智能媒体人力资源管理在智能媒体管理研究中扮演着重要角色，能够优化人力资源配置、提升员工满意度和忠诚度、推动组织的创新和变革、实现数据驱动决策以及促进组织的可持续发展。第一，智能媒体人力资源管理利用智能技术和数据分析，可以更准确地评估和匹配人才，将合适的人才分配到合适的岗位上，从而提高整体组织的效率和绩效。第二，智能媒体人力资源管理以提升员工体验为中心，注重员工的个性化发展和关怀，通过量身定制的培训、薪酬和福利计划，能够增加员工的满意度和忠诚度，从而提高员工的工作积极性和组织的稳定性。第三，智能媒体人力资源管理鼓励员工的创新性思维和创造力，通过良好的工作环境和激励机制，能够促进组织内部的创新和变革，推动智能媒体管理研究的发展和进步。第四，智能媒体人力资源管理以数据驱动为基础，能够提供较为准确的数据洞察和数据分析，帮助管理者做出更明智的决策，优化组织的人力资源配置和管理策略。第五，智能媒体人力资源管理关注人才战略与规划的制定，能够激发员工的潜力并使其与组织共同成长，从而推动组织的可持续发展。

参考文献

[1] 王涛. 人力资源管理数字化转型:要素、模式与路径[J]. 中国劳动, 2021(6):35-47.

[2] 贾昌荣. 巅峰管理:极致员工体验创佳绩[J]. 清华管理评论, 2021(10):14-23.

[3] 李殷瑜, 杨洋. 从胜任力到胜任感:基于员工体验的视角[J]. 人类工效学, 2017, 23(6):68-72.

[4] 张文勤, 孙坤康, 杨茂沁, 等. 高绩效人力资源管理对员工体验的双刃剑效应:基于人力资源管理归因的过程模型[J]. 中国人力资源开发, 2020, 37(9):115-129.

[5] 罗静. 媒体人力资源管理的转型策略[J]. 城市党报研究, 2020(9):79-81.

[6] 唐伟哲, 刘永宁. 主流媒体人才培养的改革与创新[J]. 新闻潮, 2020(8):46-50.

[7] 杨涛. 融媒体背景下纸媒人力资源管理变革[J]. 中国报业, 2021(8):95-97.

[8] 严威, 张明华. 智慧媒体的组织变革[J]. 电视研究, 2018(10):18-20.

[9] 张敏, 赵宜萱. 机器学习在人力资源管理领域中的应用研究[J]. 中国人力资源开发, 2022, 39(1):71-83.

[10] 刘俊振, 闫通慧, 卢雨琪, 等. 人事活动 战略选择 技术演进:人力资源管理数字化的路径与模式[J]. 清华管理评论, 2022(7):84-95.

[11] 张建民, 顾春节, 杨红英. 人工智能技术与人力资源管理实践:影响逻辑与模式演变[J]. 中国人力资源开发, 2022, 39(1):17-34.

[12] 谢小云, 左玉涵, 胡琼晶. 数字化时代的人力资源管理:基于人与技术交互的视角[J]. 管理世界, 2021, 37(1):200-216.

[13] 田野. 劳动法遭遇人工智能:挑战与因应[J]. 苏州大学学报(哲学社会科学版), 2018, 39(6):57-64,200.

[14] 刘庆振. 媒介融合新业态:智能媒体时代的媒介产业重构[J]. 编辑之友, 2017(2):70-75.

第 5 章 智能媒体财务管理

5.1 智能财务管理的概念和特征

5.1.1 财务管理发展历程

在市场经济条件下,拥有一定数额的资金是企业进行生产经营活动的必要条件。资金的筹集、投资、经营以及分配活动,如图 5.1 所示,构成了企业经济活动的一个独立方面,就是企业的财务活动。企业在进行财务活动的时候,需要与各利益相关主体广泛交流,形成经济关系,这便是企业的财务关系。企业应通过管理活动组织和协调好财务关系,以确保财务活动的顺利进行。在这一过程中,一方面,企业要对财务活动

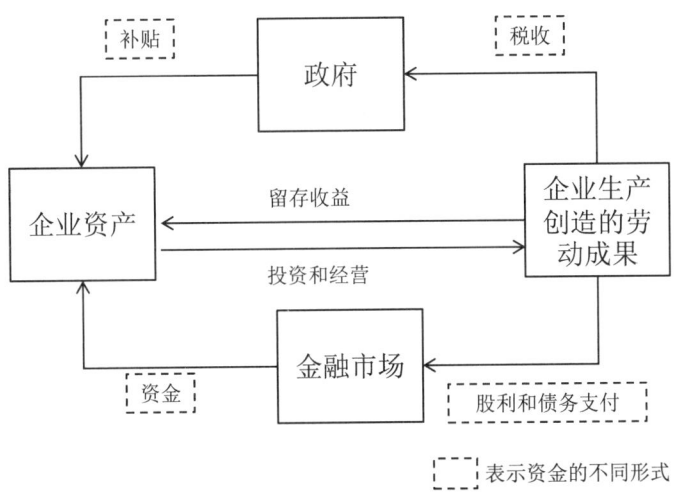

图 5.1 企业资金的循环周转

中的资源耗费和劳动成果予以记录与计算,行使会计核算职能。另一方面,企业要对财务活动中的资源耗费和劳动成果予以分析、控制与审核,使资源配置更加合理,顺利行使会计监督职能。由此可见,企业财务管理是企业运用科学决策方法组织财务活动,处理财务关系,同时以货币为计量单位,运用专门方法连续、系统、全面、综合地记录,形成监督有用和决策有用的财会信息的一项经济管理活动。企业财务管理的目标是实现企业价值最大化。

财务管理的发展经过了电算化、信息化和智能化 3 个阶段,见表 5.1。早期实现了电算化后,人们就利用扫描、识别等技术提高财务软件的自动化程度。此后,在财务数字化转型的大背景下,利用新一代的技术,企业财务管理能够辅助管理层科学决策,基于专家系统、决策支持系统、数据挖掘、商业智能等技术的财务分析报告,帮助企业管理人员在内部管理中做出决策。财务共享服务中心的建设逐步解决了财会数据管理的问题。

表 5.1 财务管理发展关键阶段

阶段	核心技术	变革程度	处理对象	角色定位
电算化	个人计算机、局域网、操作系统、数据库、编程语言	仅涉及管理环节自动化,未影响管理流程和组织	会计数据	合规管理
信息化	互联网、电子商务、信息安全、SaaS 服务、数据仓库、ERP(企业管理系统)	通常涉及管理流程和组织的再造	会计信息与会计数据	管控+服务
智能化	专家系统、神经网络、机器人流程自动化、知识图谱、模式识别	通常涉及财务管理模式的重构	财务管理知识、会计信息与会计大数据	赋能+创新

当新一代人工智能取得突破性进展后,人们开始结合高性能计算能力和大数据分析技术来洞察业务痛点,提升运营效率,识别、控制并防范财务风险,寻求更大范围的财务智能化。财务管理的职能从"核算型"与"弱管理型"向"强服务型"与"强管理型"转变,而这一转变过程是不断地通过数字化转型和智能化应用实现的。

数字经济时代,企业组织架构、运营模式和商业模式不断变革,已经不能再沿用工业时代的思维方式来思考如今的企业财务管理模式。2022 年,国务院国有资产监督管理委员会颁布《关于中央企业加快建设世界一流财务管理体系的指导意见》,其中指出了世界一流财务管理体系构成的"1455"框架,即围绕1个目标,加快构建世界一流财务管理体系;推动财务管理理念变革、组织变革、机制变革和功能手段变革共4项变革;强化核算报告、资金管理、成本管控、税务管理、资本运作共5项职能;完善全面预算体系、合规风控体系、财务数智体系、财务管理能力评价体系、财务人才队伍建设体系共5大体系,如图5.2所示。世界一流财务管理体系为企业智能财务管理构建提供了思路。

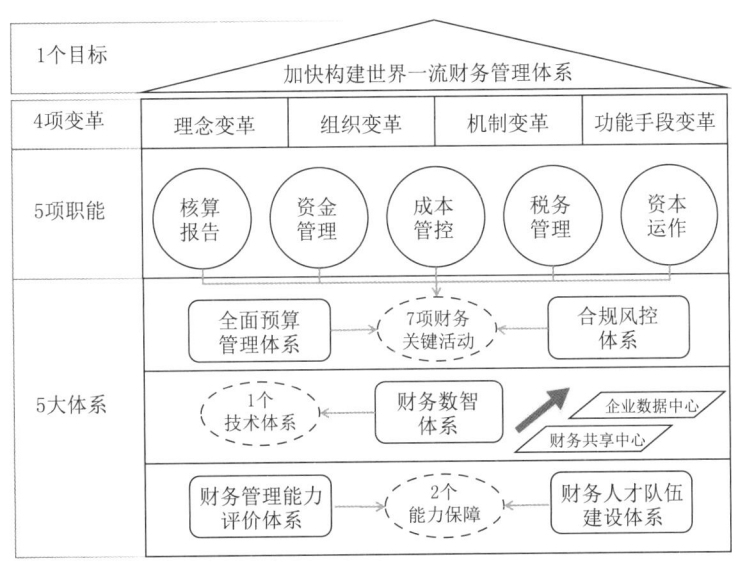

图 5.2　世界一流财务管理体系框架

5.1.2　智能财务管理的概念

组织运行业务的智能化推动了财务的智能化,"大智移云物区"等新技术赋能企业财务管理模式创新。智能财务管理模式相较于传统财务管理模式发生了5大变革:目标变革,从价值守护走向价值创造;职能变革,从"核算与监督"走向"服务与支持";角色变革,从监督者走向业务伙伴,参与价值管理和决策;效率变革,通过业务数据和财务数据的贯通,提升数据的实时性与分析能力;效能变革,利用新一代人工智能赋能财务组织与财务活动。

智能财务支持服务框架由战略财务、业务财务和共享财务3部分组成。用友基于事项会计提出的大型企业数智财务"4纵3横"能力地图,如图5.3所示,其中"3横"就是战略财务、业务财务和共享财务。

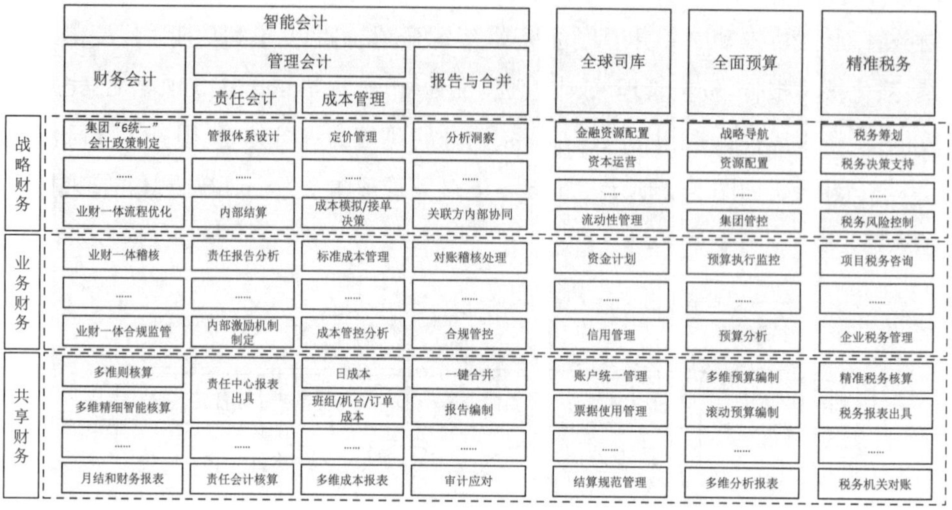

		智能会计			全球司库	全面预算	精准税务
	财务会计	管理会计		报告与合并			
		责任会计	成本管理				
战略财务	集团"6统一"会计政策制定	管报体系设计	定价管理	分析洞察	金融资源配置	战略导航	税务筹划
					资本运营	资源配置	税务决策支持
	业财一体流程优化	内部结算	成本模拟/接单决策	关联方内部协同	流动性管理	集团管控	税务风险控制
业务财务	业财一体稽核	责任报告分析	标准成本管理	对账稽核处理	资金计划	预算执行监控	项目税务咨询
	业财一体合规监管	内部激励机制制定	成本管控分析	合规管控	信用管理	预算分析	企业税务管理
共享财务	多准则核算	责任中心报表出具	日成本	一键合并	账户统一管理	多维预算编制	精准税务核算
	多维精细智能核算		班组/机台/订单成本	报告编制	票据使用管理	滚动预算编制	税务报表出具
	……	……	……	……	……	……	……
	月结和财务报表	责任会计核算	多维成本报表	审计应对	结算规范管理	多维分析报表	税务机关对账

图5.3 大型企业数智财务"4纵3横"能力地图

战略财务层服务战略制定财务政策,进行体系化管控,支撑企业财务职能高效运行,如会计政策选择、战略规划及目标的设定、税务合规性政策及流程研究等。

业务财务层的目标是实现业务流程与价值流动的精准匹配。通过共享财务获取的数据和信息,业务财务层能够支持项目团队开展业务,如项目可行性分析,监控数字资产的安全、业绩预测、分析及跟踪,预算编制、过程控制和分析考核,管控财务机器人的算法和思维逻辑,等等。

共享财务层利用新技术统一处理基础财务作业,实现结构化和半结构化财务数据的自主采集、计算、处理、报告与自主修正,使得企业基础财务场景实现流程化和自动化。

本书结合现有文献的相关研究提出智能财务管理的定义。智能财务管理是以人工智能为代表的"大智移云物区"等新技术赋能企业核心财务能力,在战略财务、业务财务和共享财务组成的财务服务框架支持下,组织企业财务活动,处理企业财务关系,推动企业价值创造的一项经济管理活动。

5.1.3 智能财务管理的特征

5.1.3.1 财务信息得以动态实时地传递

智能财务管理在本质上通过"新思维模式、技术赋能和组织迭代"提升组织效能[①]。人工智能技术的应用和设备硬件性能的提高使得财务信息可以被高效处理、真

---

① 赵丽锦,胡晓明.企业财务数字化转型:本质、趋势与策略[J].财会通讯,2021(20):14-18.

实及时地被共享。技术的转型升级可以最大限度地摆脱时间和空间的限制,以可视化的形式为使用者提供动态实时的财务信息。例如,集团的财务共享中心可以处理来自不同地区分公司的业务数据,生成动态实时的财务报表。总部可以及时掌握分公司经营状况,及时调整分公司的经营策略。

传统的事后录入数据已经被物联网、业财一体化的自动采集所代替,传统的事后核算已经被基于数据湖的会计信息加工处理的实时核算所代替,传统的人工稽核和会计记账已经被智能稽核与自动凭证所代替。

5.1.3.2 财务专家与智能财务系统协作

人工智能技术在会计行业中的应用,尤其是在共享财务层面的应用,将财务人员从大量需要耗费人力的、简单的、重复性的工作中解放出来,财务人员可以专注于更具价值创造性的业务财务和战略财务工作,如智能机器已经能够执行搜索和匹配等任务,而人类专家负责判断和决策等更为复杂的职能。随着技术的发展,机器也更多地被运用到复杂的管理类工作中,被规则和算法赋予了人类思维,与人类专家共同协作,形成场景化的人机交互模式。

通过理解人和机器在不同任务与领域的优势,智能财务系统采用不同的人机协作模式优化不同的业务流程。在智能财务系统的设计阶段,人类专家头脑中的隐性专业知识,即那些难以明确表达但嵌入经验和直觉的知识,可以通过有效的知识表示方式转化为计算机可处理的显性知识,并被导入数字化的规则库、算法库、模型库等知识系统,进行自动化处理。在智能财务系统的应用阶段,当人工智能技术的处理能力遇到限制,无法正确分析、推理或处理异常情况时,人类专家可以提供基于经验的解决方案,并努力形成新规则或算法,不断反馈到人工智能系统中。可见,人类专家与智能财务系统交互配合的人机协作是智能财务管理的显著特点之一。

5.1.3.3 开放的财务系统架构价值共赢

智能财务管理借助人工智能技术搭建系统平台,实现了政策、规则、流程、系统、数据和标准的统一,模糊了企业财务部门、业务部门和其他管理部门之间的边界。通过这种方式,企业的财务、业务和管理工作高效地融合在一起,实现了业财系统间数据的自动交互,以此为基础运用数据算法模型可进行不同业务场景下的前瞻性预测。这使得财务专业分工、各级财务组织以及业财管各部门之间的深度协同得以实现,从而减少了跨部门沟通阻碍、信息传递失真等不良现象的发生。

此外，企业内部资源还与银行、税务、上下游企业等相关单位的资源融合，打造银企互联和税企互联等，实现企业内外部信息资源的互联、互通、互动及高度共享。随着"智慧体"建设的兴起与发展，整个社会将形成一个互联互通互动的智能关系网①。财务场景的存在将不局限于财务管理人员以及企业等组织部门，未来人人都是智能财务管理平台的数据提供者、使用者和管理者②。

5.1.3.4　财务基本职能转向支持与服务

相较于传统的财务管理，智能财务管理的基本职能已从"核算和监督"转向"支持与服务"。借助人工智能技术，企业的财务管理活动实现流程化和自动化，财务数据可以自动生成报表，财务舞弊发生的可能性大大降低，财务的核算和监督作用被削弱。同时，大数据能够更加准确地挖掘业务数据之间的联系，智能算法系统能够及时准确地跟踪财务指标的变化，监测财务风险。在信息爆炸的环境中，智能财务管理平台能够有效地筛选出有用的信息，并将它们反馈给业务部门和管理部门，支持科学决策。根据企业实时的业绩，智能财务管理平台还能及时地调整经营策略，以服务于企业整体战略。

5.1.3.5　信息技术支持智能财务管理

从财务的作用和功能维度，智能财务的价值创造体系可以分为"共享化专业财务、穿透式业务财务、协同式战略财务和数字化智慧财务"③，信息技术应用需要支撑上述四位一体的价值创造体系。智慧财务和共享财务层面的自动化程度最高，通过图像识别、语音识别等智能信息识别和信息录入技术，企业能够高效地收集、整合各项数据信息。这些技术的运用可以实现数据智能化的技术升级，进而提升财务数字化水平并实现大数据技术的升级。业务财务层面，通过"大智移物云区"等新技术，企业可重构行业价值链，促进业务与财务的协同共进，实现企业战略规划发展目标。战略财务层面，企业以战略驱动和战略思维发展智能财务，创新智能服务模式，分享移动智能审批带来的全新变化，尝试智能支付和智能记账带来的空间反映，感受智能分析和智能报告带来的传导效率，建立符合企业战略的智能财务设计与维护体系，形成企业运营的"智慧大脑"。

---

① 韦德洪,陈势婷.论智慧财务管理的内涵、外延、特点与应用[J].会计研究,2022(5):40-48.
② 李闻一,李栗,曹菁,等.论智慧财务的概念框架和未来应用场景[J].财会月刊,2018(5):40-43.
③ 周露,毛毅强,焦琪.中交二航局四位一体价值创造体系构建实践[J].财务与会计,2023(1):19-23.

5.2 智能媒体财务管理的概念和特征

5.2.1 智能媒体财务管理的概念

依托人工智能等信息技术,智能媒体的业务流程发生了变革,策划、采编、审核、播出、存储、传播效果和核心资源等方面都实现了智能化,诞生了多元化、可持续的商业模式,对财务管理提出了新诉求。智能媒体的收入来源更加多元,除了政府补贴、广告和订阅收入,还包括内容付费和电子商务等从多种渠道中获得的收入。智能媒体的成本核算线路更加复杂,多种媒体在自组织模式下共同参与某一主题的报道,生成的内容产品与服务通过多终端发布,分别匹配来自电视、广播、网络和 App 等不同平台的用户需求。

智能媒体所提供的内容产品与服务本质上是一种特殊的社会公共产品,包含特定的观念、价值和意识形态,对社会意识和社会行为具有重要的引导和监督作用。因此,相较于其他产业,智能媒体财务管理的目标以社会效益为重点,同时提高对经济效益的重视度,实现经济效益和社会效益的最佳结合,即耗费最小的成本实现同样的社会效益,或者以同样的成本达到社会效益最大化。

智能媒体生产与发展的关键要素是资金、技术和人才,随着智能媒体的发展壮大,员工的工资绩效、技术的维护与升级费用、日常管理和运行的开销不断攀升。因此,智能媒体需要通过多种筹资方式筹集资金,用于支持其投资和经营活动,并以合理的方案对劳动成果进行分配,智能媒体的价值增值就在"筹资—投资—经营—利润分配"四个相互联系、相互依存的财务管理活动中得以实现。综上所述,智能媒体财务管理是指智能媒体组织运用"大智移云物区"等信息技术管理自身筹资、投资、经营和利润分配等财务活动,处理财务关系,从而实现经济效益和社会效益最佳结合的一项经济管理活动。

5.2.2 智能媒体财务管理的特征

5.2.2.1 生态构建共创产业融合

传统媒体以财政补贴和广告为主要收入来源,但是在智能媒体发展、媒体融合的背景下,以广电为例的传统媒体一方面借鉴新媒体经济收益经验,完成流量变现,另一方面依托自身公信力和影响力向外辐射,与其他行业的界限不断模糊,衍生出基于内容的新产品、新业态和新业务模式,拓宽多元化营收渠道①,如电商平台、会展平台和会员服务平台等。以湖南广电为例,其通过与不同广告商合作,组建异业权益联盟;通过线上线下联动的粉丝活动,打造与用户互动的媒介生态圈②;通过覆盖用户生活消费、娱乐消费、教育消费、粉丝消费等多元场景,将稀有资源整合起来,拓宽用户边界③。湖南广电以内容和技术为依托构建起跨界合作的生态系统,增强自身竞争优势。

5.2.2.2 生产变革寻求精细管理

智能媒体的生产流程发生变革,人工智能技术推动分布式新闻生产的普及。分布式新闻是信息与知识生产领域的共享经济④,实现一个平台统一整合多渠道信息,生产多形态产品,同时多终端分发的目标。以新华智云的"媒体大脑"为例,其将人工智能能力与媒体行业场景结合,研发文字识别机器人、突发识别机器人、热点机器人等多款媒体机器人,更好更快地采集新闻资源,之后再根据不同终端的特点生产不同形态的内容。

传统媒体的生产模式使得财务管理不够精细。同一部门内生产多类内容,由于内容产品成本的结转分配及管理费用的分摊等涉及因素众多,容易存在内部竞争关系。部门(栏目)间的内容可以根据制作单位划分结算,但是对于保持单位整体运行的间接费用很难核算,如基础建设投资及设备更新费用、节目播出的频道占用费等。

运用智能技术的媒体财务管理能够很好地解决上述问题,大数据和云计算等技术手段能保障经济业务活动全面覆盖,实现"业务流、资金流和管理流"三流合一。在业务活动过程中企业利用智能技术能精准链接数据仓和管理后台,实现数据实时采集和分析应用,这样企业能够即时调整业务活动流程,实现精细化管理。

5.2.2.3 技术研发和维护成本高

媒体行业因技术革新进行媒体生态重构,在算力大力提升、物联网智造的智联时代,面向5G、人工智能、大数据等技术的媒体融合更符合用户多样化的需求⑤。在媒体业务领域,已经有许多智能化的业务平台和媒体机器人,如"媒体大脑"、中央厨房等。为了更好地管理和维护这些智能化的媒体业务平台与机器人,需要建设智能化财

---

① 晏曦. 媒体融合视角下的广电财务体系建设[J]. 中国广播电视学刊,2023(3):122-125.
② 张锐,陈芷宜. 平台包络视域下媒体融合发展新路径[J]. 青年记者,2023(7):54-56.
③ 肖芃,肖赞军. 新型传媒集团全媒体融合发展路径研究:以芒果超媒为例[J]. 湖南师范大学社会科学学报,2021,50(1):135-141.
④ 彭兰. 智媒化:未来媒体浪潮——新媒体发展趋势报告(2016)[J]. 国际新闻界,2016,38(11):6-24.
⑤ 甄锐,袁璐. 困境与出路:技术视角下的媒体融合与智能传播[J]. 青年记者,2022(19):44-46.

务管理平台。对于采集到的媒体资源、业务数据资源和财务数据资源,需要搭建数据管理平台进行存储和价值挖掘。无论是自主研发还是租用,技术研发和后续的维护都需要一笔很高的费用。

5.2.2.4 风险防范要求更高

智能媒体财务管理面临的风险更加复杂,包括技术风险、网络安全风险和市场竞争风险等。相较于传统媒体,智能媒体的市场化程度更高,能够通过上市、互联网众筹等多种方式筹集资金。因此,智能媒体需要更加注重风险管理,完善激励与约束机制,制定相应的风险管理策略,保障财务安全。财务系统的智能化、可视化和实时化能够加强业务的事前、事中与事后管理,做到动态管理,令企业的风险预警机制更加完善。

5.3 智能媒体财务管理体系

5.3.1 智能媒体产业生态

人工智能和信息技术是智能媒体的重要驱动力。无论是传统媒体组织的智能化转型还是原生的智能媒体组织,其发展人工智能和信息技术的路径可分为自研与购买。市场上,智能媒体综合解决方案供应厂商提供软件、硬件设备和服务,帮助媒体业务能力智能化提升。智能媒体组织内容生产和消费的重心转变为满足用户需求,其借助用户画像和数据挖掘等技术能够实现内容精准匹配与推送,吸引用户流量,增加用户付费意愿。

随着智能媒体发展,传媒个体的联结将扩大到整个物质世界的范围,其打破媒介形态与产业边界,将在跨界融合深化中剧烈膨胀①。智慧广电+互联网的新业态是打破媒介形态的典型,湖北广电网络自主研发"鳄鱼TV",携手腾讯构建多屏互动跨终端产品。打破产业边界指的是智能媒体发展对不同产业的赋能作用,如浙报传媒控股集团有限公司的浙数文化,深度参与"杭州城市大脑"项目,进入智慧城市治理、智慧医疗等行业;湖南广播电视通过芒果TV打造IP(知识产权)衍生,进入文化旅游行业。

智能媒体产业生态实现了产业链内和产业间的资源联合分享,形成了生态化循环机制②。地方融媒体中心充分整合地方资源,探索健全的政务+服务+商务运营模式,

---

① 郭全中.5G时代传媒业的可能蓝图[J].现代传播(中国传媒大学学报),2019,41(7):1-6.
② 蒋进.打造内容聚合平台 构建主流媒体新生态:以广西广播电视台为例[J].中国广播电视学刊,2022(10):127-128.

为不同场景提供综合解决方案。在党政新闻领域,地方融媒体中心注重发挥信息的本土性和接近性优势,采用群众喜闻乐见的形式宣传党的理论知识和形势政策,及时并有针对性地采集和汇集社区信息,通过点赞、送分等方式与用户有效互动;在公共服务领域,地方融媒体中心坚持发挥服务的便利性和精准性优势,集成移动政府服务终端入口,提供学籍档案查询、ETC(电子不停车收费)办理、医疗健康、公积金查询等便民服务;在电子商务领域,地方融媒体中心充分发挥地方融媒体资源、矩阵传播和公信力优势为地方产业发展赋能增效,如浙江安吉县融媒体中心宣传推广优质农产品,自2022年7月至年底,营收超过6000万元。

5.3.2 智能媒体财务管理体系框架

智能媒体财务管理体系框架由6个部分组成,分别是智能媒体产业生态、智能媒体业务平台、智能媒体财务管理平台、智能媒体财务支持平台、智能媒体财务数据平台和智能媒体财务能力保障体系,如图5.4所示。

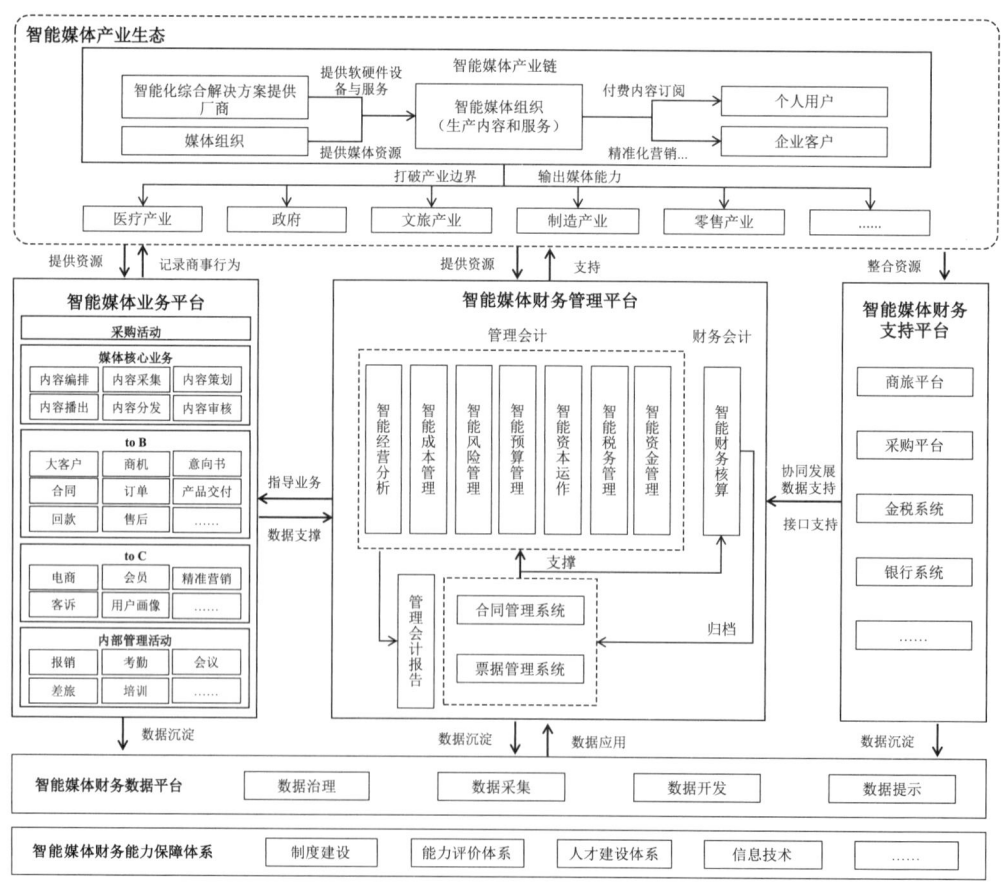

图 5.4 智能媒体财务管理体系框架

随着5G等技术的发展,智能媒体会走向与产业深度融合发展的阶段,媒介产业融合向着智能化方向发展,催生出更加开放、共享、合作、共赢的生态。① 智能媒体产业生态拓宽了收入来源,变革了盈利模式,对财务管理模式提出了新的要求,而智能媒体产业生态具备智能、开放和共享的特征,其积累的数据和智能技术等资源可以被复用,推动财务管理智能化。

借助智能媒体业务平台,智能媒体组织开展业务,同产业生态中的其他主体发生商事行为,产生的流程和数据被输入智能媒体财务管理平台。智能媒体财务管理平台运用专门的规则和方法进行处理,形成财务数据,方便报表出具、经营分析、业绩预测等后续工作的开展,能够辅助业务负责人进行科学决策(具体内容在5.4模块部分介绍)。智能媒体财务支持平台是指那些不属于智能媒体组织,但能够辅助组织财务工作顺利开展的平台,如税务局的税务平台、银行的信用平台、商旅和采购平台等。智能媒体业务平台、财务管理平台和财务支持平台通过接口打通实现业务与财务融合,实现组织内外部的数据和信息的共享,有效规避了监管处罚和支付等风险。智能媒体财务数据平台和智能媒体财务能力保障体系作为通用能力支持着智能媒体财务管理的正常运行。

5.3.3 智能媒体业务平台

智能媒体业务平台是以采购、媒体核心业务和销售等全过程为对象,整合组织内外部所有的经营管理信息和资源的管理平台。智能媒体组织在智能媒体产业生态中发生的业务和交易数据首先被记录在业务平台中。

智能媒体业务平台记录组织内部活动,既包括与业务相关的差旅、会议、内容采编、生产和传播等活动,又包括维护组织平稳运行的员工培训、考勤、例会等一般性活动。智能媒体业务平台还记录与产业生态中其他主体的商事行为,如采购数据资源,推出付费内容,输出精准化营销和舆情监测内容。业财平台的打通保证了业务数据能及时、准确、自动地传递到财务管理平台,财务数据能够更好地支持业务决策。

5.3.4 智能媒体财务支持平台

组织内部的财务工作紧密关联着各个外部主体,如供应商、税务局、商旅聚合厂商、证券市场等,组织借助智能财务支持平台实现内外互联互通。外部的商旅、商

---

① 杨蕾,王新宇,丁建锋.5G时代的智慧传媒生态[M].北京:中国戏剧出版社,2023:146.

城资源被引入组织内部,从而拓展内部业务。客商征信信息、税务法规信息等外部信息被传递到组织内部,为财务决策提供了更多参考依据。客商协同服务、资金支付服务、发票验真服务等外部服务被应用到组织内部,打破了传统信息系统之间的壁垒,财务工作由此变得更加高效、流畅。智能媒体财务支持平台使得外部资源、信息、服务得以在组织内部有效利用,极大地提升了财务的运行效率。重点平台介绍如下。

5.3.4.1 商旅平台

商旅业务资金规模大、业务频度高、涉及人员多。传统商旅业务缺乏有效的工具和策略,容易出现差旅消费不透明、报销流程烦琐、处理周期长、信息共享难等问题。用数据化、智能化、集成化的大数据技术打造一体化的商旅管理平台能够有效拓展业务范围,提质增效。商旅平台可整合商旅服务资源,接入众多商旅供应商自动比价,将差旅申请、预算控制、审批、下单、记账、结算全流程打通,形成完整的管理闭环,实现员工差旅出行"无须垫付"和"无须报销"。

此外,商旅平台还可以通过智能化技术进行大数据分析,深入了解并预测员工的差旅需求和行为,从而为其提供更加个性化的服务。集成化技术可以使商旅平台与其他企业系统进行无缝对接,实现数据的实时共享和交互,为企业决策提供更加全面和准确的数据支持。

5.3.4.2 采购平台

采购协同主要出现在商城资源的引入、采购合同管理、供应商征信管理这几个典型场景中。采购平台引入外部的电商平台资源,如京东直采,与企业自有供应商商品资源池融合,实现了内外部的商品资源、供应商、采购人员、管理人员、财务人员的无缝衔接,极大地提升了采购效率和便利性。采购协同在优化采购流程、降低采购成本、提高采购透明度等方面也发挥了重要作用。同时,采购协同还能帮助企业更好地了解市场需求和供应商情况,增强企业的竞争力和可持续发展能力。

5.3.4.3 金税系统

税务协同主要体现在与外部税局之间的协同,包括进项发票管理、销项发票开具、发票认证、纳税申报等场景。企业通过OCR(光学字符识别)技术获取进项发票信息并调用税局接口进行发票查验,提交开票申请后自动对接税局完成发票开具,提交纳税申报表,纳税申报数据对接税局完成自动纳税申报。国家税务总局启动金税四期系统,打通各部委、人民银行等数据信息壁垒,构建"税费"全数据、全业务、全流程的"云化"征管体系。组织通过与税务机关的互联互动,实现涉税信息内联外通,提升票税业务的自动化、智能化处理能力,提高基础税务管理效率、税务风险管控水平和税务筹划能力。

支付的进阶是智能媒体财务生态构建中不可或缺的重要元素,连接各行各业、融合万千场景,通过各种分账类型及灵活的结算管理方式,合作伙伴在不同行业及场景下,将资金存入指定银行账户。基于公有云的银企联云服务以云计算的方式实现企业系统与多家银行系统的直联,企业直接接入各家金融机构的金融产品与服务,无须自行集成开发,实时享受最新金融产品和服务[①]。

5.3.5 智能媒体财务数据平台

相较于传统财务管理体系,智能媒体财务管理体系发生了显著变化,由经验驱动转向了数据驱动,数据成为企业创造价值的重要资源。会计是商业的语言,财务是企业天然的数据中心。财务部门汇聚企业从前端业务到后端财务管理的大量数据,如图5.5所示。智能媒体财务数据平台由数据治理、数据采集、数据开发和数据展示4大模块组成。

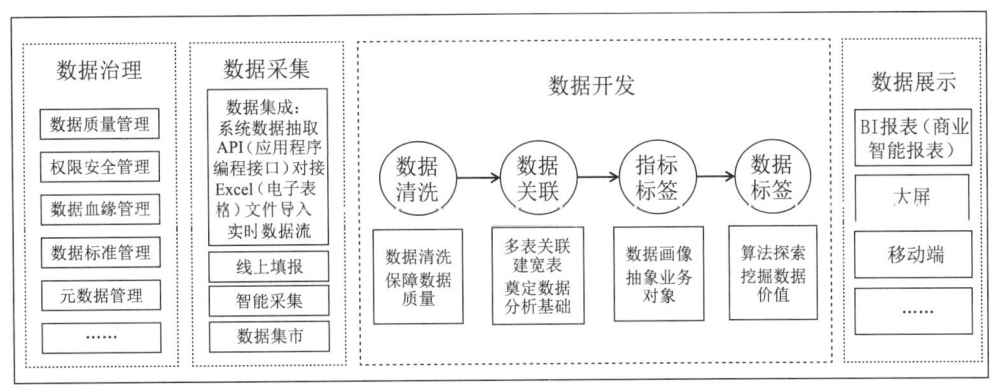

图 5.5 智能媒体财务数据平台

数据治理模块是智能媒体财务数据平台发挥作用的重要保障。随着智能财务体系的建设,组织沉淀了财务、业务、货币、非货币的各种数据,这些数据构成了组织的数据中心。尽管数据丰富,却存在数据孤岛、数据离线、数据口径不一致的问题,这些问题使得组织获取的数据质量欠佳,给后续的数据价值挖掘和应用带来很大挑战。因此,为了解决这些问题,需要治理财务数据。数据治理工作纷繁复杂,

---

① 付建华.财务数智化基础研究[J].会计之友,2021(18):2-8.

可从数据质量管理、权限安全管理、数据血缘管理、数据标准管理和元数据管理等方面着手。

数据采集模块负责采集业务需求分析所需的数据。数据采集的途径有数据集成、线上填报、智能采集和数据集市。数据的来源多种多样,包括财务数据载体包含的结构化财务数据、内部信息系统的数据以及其他外部的数据。财务数据是指传统财务核算需要的一些数据,如记账凭证、发票等,内部信息系统的数据包括研发、采购、销售等业务数据,其他外部的数据包括供应商、市场宏观环境等数据。

数据开发模块负责处理原始数据。首先,清洗脏数据,以提供数据质量更高的数据;其次,关联数据成宽表,为数据分析奠定基础;再次,自定义规则实现给数据自动打标签,针对核心业务对象用数据指标和数据标签抽象出业务实体的信息,对数据的整体质量和特征进行初步分析与推断;最后,使用数据算法探索、挖掘数据价值,通过一定的算法规则对符合要求的数据进行处理,得到数据结果。数据展示模块负责数据本身、数据指标、数据标签和数据分析结果的可视化展示。其利用有效的方法和工具,借助 BI 报表、大屏和移动端等载体,将复杂的数据信息以直观、易于理解的形式展示出来,高效地传递给管理决策者,支持他们做出明智的决策。

5.3.6 智能媒体财务能力保障体系

智能媒体财务能力保障体系包括制度建设、能力评价体系、人才建设体系和信息技术等多个方面。建立与智能媒体组织战略和业务特点相适应的能力评价体系,能够促进财务管理能力水平改善和逐步提升。完善财务人才建设体系,可实现人才队伍能力更多元、结构更优化,能确保人才数量与质量充分适应时代发展、契合企业需求。

智能媒体财务技术一般可以分为自动化技术和智能化技术两大类。其中自动化技术以 API 和 RPA 为代表,能够实现信息自动采集,自动完成基于明确规则的操作。例如,借助 OCR 技术能够识别原始单据和发票上的信息,借助财务专家系统和规则引擎等技术,可在业务发生的同时实现记账凭证编制自动化[1]。智能化技术则以大数据和人工智能技术为代表,能够模拟人的感官和理解进行思考活动,实现数据分析和价值挖掘[2]。例如,借助人工智能和数据挖掘等技术实现智能预测税率、重点费用等。

---

① 杨寅,刘勤,黄虎. 企业财务智能化转型研究:体系架构与路径过程[J]. 会计之友,2020(20):145-150.
② 陈虎,郭奕. 智慧财务的实现模型及应用场景[J]. 财务与会计,2021(19):9-14.

5.4 智能媒体财务管理平台核心模块

企业的财务事项可分为财务会计和管理会计,财务会计体现在"会计核算—财务会计报告"这一环节,具体工作主要包括总账核算、应收类核算、应付类核算、成本费用类核算、资金核算、资产核算、税收核算、单体财务会计报告和合并财务报告。

管理会计的内在逻辑如图 5.6 所示,其从企业战略出发,根据企业历史收入和支出编制预算并进行全面预算管理。编制完预算后,如果出现资金欠缺的状况,则需要融资;如果出现资金余剩的状况,则需要投资。在业务经营过程中,企业需要进行营运管控和成本管控,以保证预算目标和业务经营目标的实现。在营运管控和成本管控过程中,会涉及税务、资金和风险防控等方面的事务管理。在整个管理会计过程中,可以编制涵盖各个环节的管理会计报告[①]。

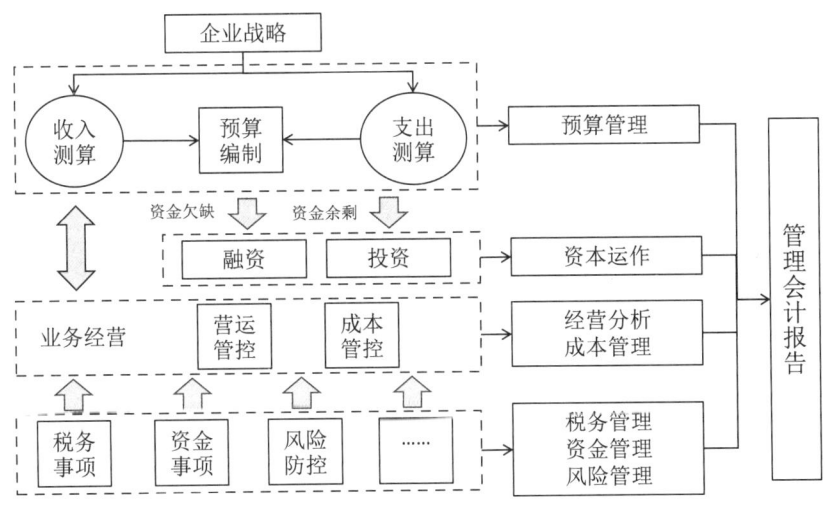

图 5.6 管理会计的内在逻辑

综上所述,按照企业的经济事项划分,智能媒体财务管理平台的核心模块包括智能财务核算、智能经营分析、智能预算管理、智能成本管理、智能资本运作、智能资金管理、智能税务管理和智能风险管理 8 大模块。

5.4.1 智能财务核算

媒体财务核算是以货币为计量单位,对媒体组织已经发生或已经完成的经济活动

---

① 卿静,杨记军.基于财务共享与业财融合的智能财务系统研究[J].会计之友,2022(20):118-125.

进行的事后核算,也就是记账和报账的总称。媒体组织的经济活动与其业务流程密切相关,与生产制造业不同,媒体通过"策采编审发馈"等活动为受众提供内容产品与服务,同时对受众注意力进行"二次售卖"。例如,中视传媒的主营业务收入包括广告收入、影视经营收入、影视设备租赁及制作收入和景区旅游门票收入;长兴传媒集团融媒中心的活动部通过承办商业庆典和纪录片拍摄服务创收,与之相对应的有内容策划、拍摄等生产环节中产生的人员、材料、设备、差旅等费用,但在实际工作中,由于融媒体等发展变革了内容生产流程、业财系统没有完全打通、费用报销仍以线下为主和审批流程烦琐等问题,会计人员工作效率受到影响,出现人工成本浪费的情况,抑制了其财务决策职能的发挥①。智能技术的发展和应用为媒体财务核算提供了便利。

智能媒体财务核算是将业务场景转换为财务语言的过程。首先智能技术将媒体组织中的业务场景数据化,接着再利用区块链、人工智能等新一代信息技术获取和保存业务系统的原始场景数据,实时从外部产业链、供应链和生态链等交易对手传输至组织②。业务系统包括设备采购、内容销售和人力资源等子系统,其数据往往是非结构化的,需要在业务系统内清洗和处理,即将取得的纸质原始凭证用影像扫描技术电子化或者利用网络传输 API 获取电子凭证,借助图像识别与处理技术完成对原始凭证的真伪识别、票面解析和分类工作,将其中的信息转换为结构化的文字与数据。最后智能财务会计引擎将上述业务数据实时转换成财务数据,生成记账凭证和总账,自动完成"记账、算账和报账"的全流程自动化处理。智能财务会计引擎是基于转换规则的开放式统一平台,一端连接业务系统,另一端连接财务系统。其从业务系统中自动获取信息,借助文字识别与处理技术匹配会计科目,根据转换规则生成预制记账凭证。经过基于机器学习的智能财务会计引擎,信息从业务系统流向了财务系统,实现了自动化记账,效率和准确性大大提高。智能技术在智能媒体财务核算中的应用如图 5.7 所示。

5.4.2 智能经营分析

我国媒体的资金主要来源于财政补贴、内容产业经营和资本运营。随着媒体在社会生活中的深入渗透,其成为多种场景交互的节点,主流媒体生态融合已成为转型的重要方向,内容产业经营也越来越重要,成为媒体自我造血的重要途径。例如,《人民

---

① 王莉莉,曹嘉琪.事业单位会计数字化转型的实现路径[J].财会通讯,2023(9):147-150.
② 马莹.H 公司全景视角业务场景财务核算体系的创建[J].财务与会计,2022(16):19-25.

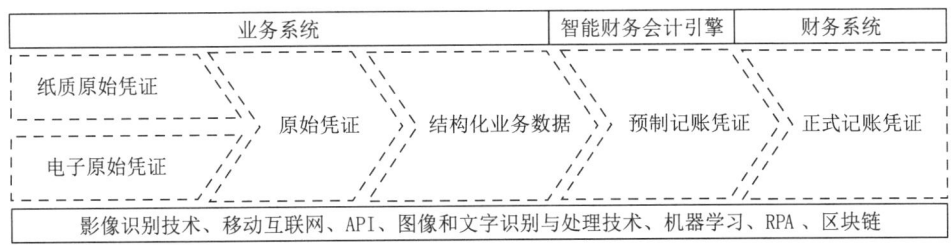

图 5.7　智能技术在智能媒体财务核算中的应用

日报》以"人民报款"联名周边作为积分商城的兑换奖品,通过商业营销的思维吸引用户参与,增强用户黏性。财新传媒借助优质内容、中高端用户资源以及专业品牌形象,逐步建立起稳定的"付费墙"模式。

智能媒体经营分析通过对媒体内容产业经营深入剖析,为媒体经营提供更精准服务,推动媒体可持续发展。智能媒体经营分析的实施步骤如图 5.8 所示,主要包括确定经营分析框架,收集数据与计算指标,与以往预算信息进行对比、分析原因,制定改进措施,监督落实执行情况。智能经营分析具有内容丰富、个性化、实时性、依靠算法分析的特点。

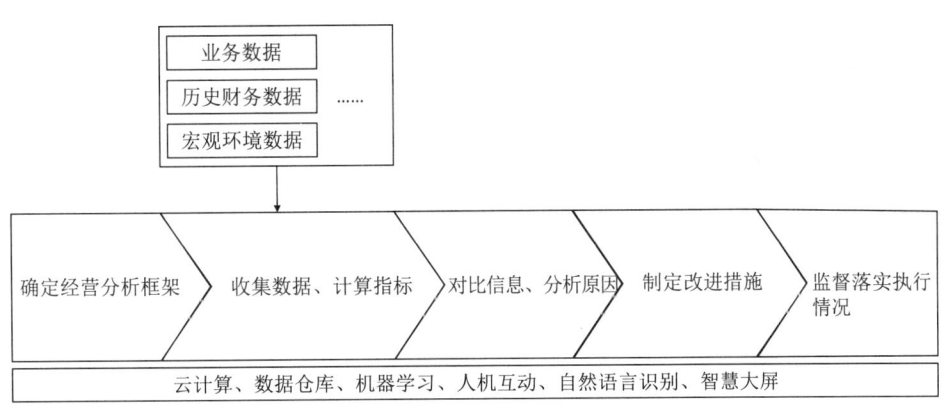

图 5.8　智能媒体经营分析的实施步骤

收集数据、计算指标、对比信息、分析原因和监督落实情况需要采集海量数据,包括历史财务数据、各部门业务数据以及市场和宏观环境数据等。云计算和机器学习等算法可以收集、整理、定量分析海量数据,总结海量数据的规律并构建财务模型。首先,经过整理的关键指标可以通过智慧大屏进行实时动态展示,为经营决策和绩效衡量提供支持。其次,不同的管理层有不同的分析需求,智能分析报告能够通过自定义分析指标、人机交互、自然语言识别等技术满足不同场景的分析需求,一键生成智能报告,提高报告数据的准确性和时效性。最后,智能专家系统能够科学地辅助制定改进措施,并利用数据实时监督落实情况和预测业绩趋势,为优化业务指明方向。

5.4.3 智能预算管理

全面预算管理具有前瞻性、保障性和规范性等特点,成为推动媒体组织高质量发展的重要支撑和手段。传统媒体组织中的预算简单使用"基数加增长"的方法,操作简单,不能根据实际工作和需求动态调整,影响预算合理性①。相比之下,智能预算管理能够有效地缓解这一矛盾。预算管理的实施步骤如图 5.9 所示,主要包括预算目标确定、预算编制、预算控制与调整、预算评价与考核 4 个步骤。智能预算管理借助大数据技术与算法构建财务大数据和预算绩效管理指标库。财务大数据包括与经营有关的全部信息,包括节目制作的历年预算数据、决算数据、成本核算数据、财政支出标准等②。预算绩效管理指标库包括通用和个性化指标。智能全面预算管理具有自我完善、自动化、多视角分析和辅助决策的特点。

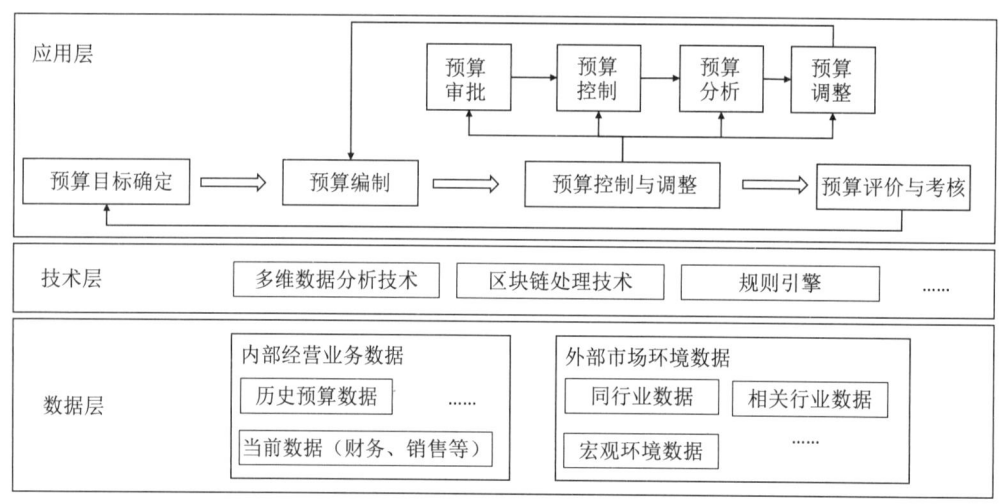

图 5.9 预算管理的实施步骤

在预算目标确定环节,应用大数据技术和相关算法能够实现业务预测,清晰地展示未来资源投入后的可能情况,有助于预算目标确定。在预算编制环节,可以通过历史财务大数据构建企业价值地图,建立预算编制模型,规范预算编制口径,为财务有效评价资源配置打下基础。在预算控制与调整环节,通过规则引擎实现个性

---

① 贾丽.优化预算管理推动广电媒体高质量发展[J].电视研究,2022(4):90-91,102.
② 贾丽.试析全媒体节目预算标准体系建设[J].电视研究,2021(1):61-62.

化规则控制,能够有效适应多变的市场。在预算评价与考核环节,利用基础数据和指标自动计算项目的绩效,可实现不同维度预算项目的综合对比与分析,有助于目标利润的实现。

5.4.4 智能成本管理

随着媒体产业的迅猛发展,投入产出和成本效益越来越受重视,传统事业单位下的成本核算已经不能满足现代经营性媒体产业。在传统媒体组织中常常采用将成本归集到各个栏目中进行成本管理,往往只包含节目制作中产生的一切直接费用,即节目策划、编辑、拍摄等过程中产生的人员、材料、设备和差旅费用。对于保持集体单位运行所发生的基础建设投资,即设备更新和演播厅、机房制作占用的机会成本等容易被忽略[①],成本核算不够精细化,不能支持决策。

智能技术在成本管理中的应用如图 5.10 所示。智能媒体成本管理主要依靠机器学习算法完成成本预测、成本目标确定、成本控制、成本核算、成本分析与评价等任务。成本核算环节物联网应用帮助企业对媒体生产设备参数进行智能采集与积累,根据成本构成通过规则引擎智能匹配与实际业务相关的作业成本法和标准成本法等方法,对成本和费用进行归集与分摊,准确核算成本。采集完数据后,数据挖掘技术确定成本驱动因素,优化的算法和智能计算帮助企业站在新的角度与高度来管控及分析成本。

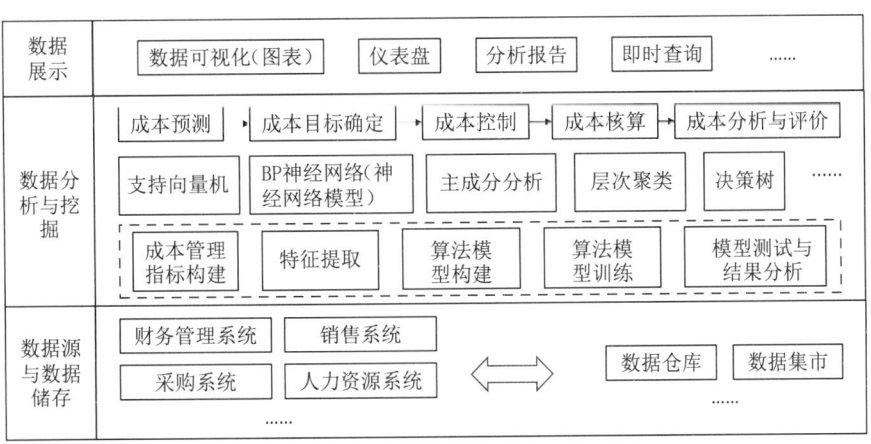

图 5.10 智能技术在智能媒体成本管理中的应用

---

① 李祥.电视媒体成本核算问题研究:作业成本法在公共成本分配上的应用[J].电视研究,2016(9):44-46.

5.4.5 智能资本运作

在媒体发展过程中,技术和资本作为两大驱动力,作用日益明显。资本运作更是传统媒体转型升级的根本动力①。2014年8月,党中央做出加快推动传统媒体和新兴媒体融合发展的重大战略部署,多家报业集团在融合发展进程中发现迫切需要资本的持续投入和支持,以资本为纽带破解报业发展困境成为必然选择。资本运作能够使传统主流媒体通过行业资源整合快速实现转变升级。例如,浙报传媒集团2008年牵手东方星空成立创业投资有限公司,2011年集团媒体经营性资产在上海证券交易所成功上市,2013年集团更是通过非公开发行A股股票和自筹资金共31.9亿元收购了两个成熟的游戏平台,为浙报传媒的互联网转型打下了强有力的基础。同样,如今的融媒体、智能媒体建设也需要类似的资本运作支持。

智能技术在资本运作中的应用如图5.11所示。智能技术从媒体组织的战略出发,对收入和支出进行测算,如果资金欠缺就需要融资,如果资金剩余则可以投

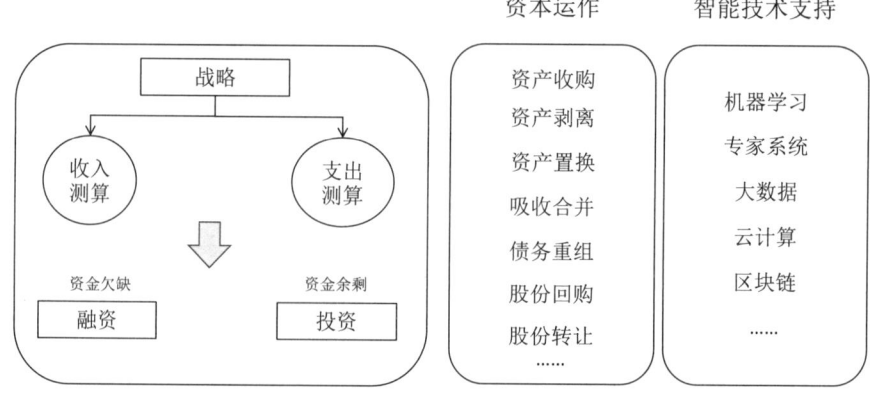

图 5.11　智能技术在智能媒体资本运作中的应用

资。资本运作包括资产收购、资产剥离、资产置换、吸收合并、债务重组、股份回购以及股份转让等。传统媒体资本运作中的难点之一是缺乏资本运作经验②,智能技术的发展能够在一定程度上解决这一难点。首先,智能技术可帮助传统媒体认清资本运作的本质,即资本运作不仅为了推动媒体自身资产的拓展,还为了充分利用资本创造出新的价值,提升各类资源的整体运营效果③。其次,借助机器学习金融模型、大数据和云计算等,传统媒体在投资前审慎选择标的,高度关注投后管理,确保

---

① 尚杰.媒体融合背景下报业集团资本运作的路径:从中国报业投资联盟大会成立看报业"组团"开展资本运作[J].新闻爱好者,2017(5):75-78.
② 郭全中.国有传媒资本运作与难点分析[J].传媒,2016(21):19-20.
③ 张洁.大数据时代英语网络媒体的资本运作[J].新闻战线,2017(10):54-55.

资本运作能达到预期目标①。最后,传统媒体借助区块链技术的去中心化、不可篡改和集体维护等特点,可以解决上下游的资本协同问题,提升传统媒体的资本整体运作能力②。

5.4.6 智能资金管理

媒体组织具有特殊的业务性质,相较而言更容易受到社会环境、市场趋势以及自身经营等因素的影响,资金管理是媒体组织自身经营的重要一环,直接影响着媒体组织的经营效益,加强资金管理对于媒体组织的可持续、健康、稳定发展具有重要意义③。以广电事业为例,其作为传统媒体有财政部下发的专项资金,需要做好资金分配与合规审核。对于规模化的集团性传媒企业来说,由于下属公司部门较多,内部资金有可能出现闲置或紧张现象,由于竞争环境的快速变化,集团层面的资金预算编制与实行存在偏差。解决这些问题,需借助智能资金管理平台实现对媒体组织金融资源统筹管理,该平台可以充当资金管理中心、结算中心和内部金融机构的角色,确保资金的有效利用和合理配置。

智能资金管理平台的构成如图5.12所示,由决策层、配置层和交易层组成,嵌入银企互联、集成账户管理、智能调度和分布式资金管理等技术。决策层负责资金安全,包括预测分析和风险管控两个部分。媒体组织借助场景模拟技术构建资金预测模型,动态测算不同场景的未来资金状况,比对中长期资金预算,确定资金缺口,智能匹配投融资计划,降低备付。风险管控以银行贷款为例,银行贷款是企业弥补缺口的重要资金来源,融资付款信息预警和授信额度占用提醒有助于企业保持良好信用评级及授信增长,防范资金风险。配置层负责资金洞察,通过企业大数据对资金分布和流动进行监控。借助地图集成技术,媒体组织集中管理成员企业的资金,按照各区域、各板块、各业务单元动态地展现资金时点分布情况。结合供应商、客户、政策、宏观经济等大数据,媒体组织对资金营运、融通、金融创新和流动性等进行分析管理。交易层负责资金交易,账户管理模块对企业的账户进行集中、安全且高效的管理,避免独立管理账户所带来的重复性工作。资金结算模块处理收付款、回单及对账、认领和票证管理,涉及资金业务的票据被统一归档至票据池。机器人流程自动化高效匹配交易规则和处理流程,能够实现对各类资金业务的智能批量处理与自动核对。

---

① 宋李民,杨孟杰,王洪超,等.国际运营商借资本运作提升竞争力[J].中国电信业,2022(1):66-69.
② 张晓鸥,韩意.区块链技术对财务管理的影响研究[J].中国市场,2020(14):151,156.
③ 闫晓文.传媒集团的资金管理研究[J].商讯,2020(10):121,123.

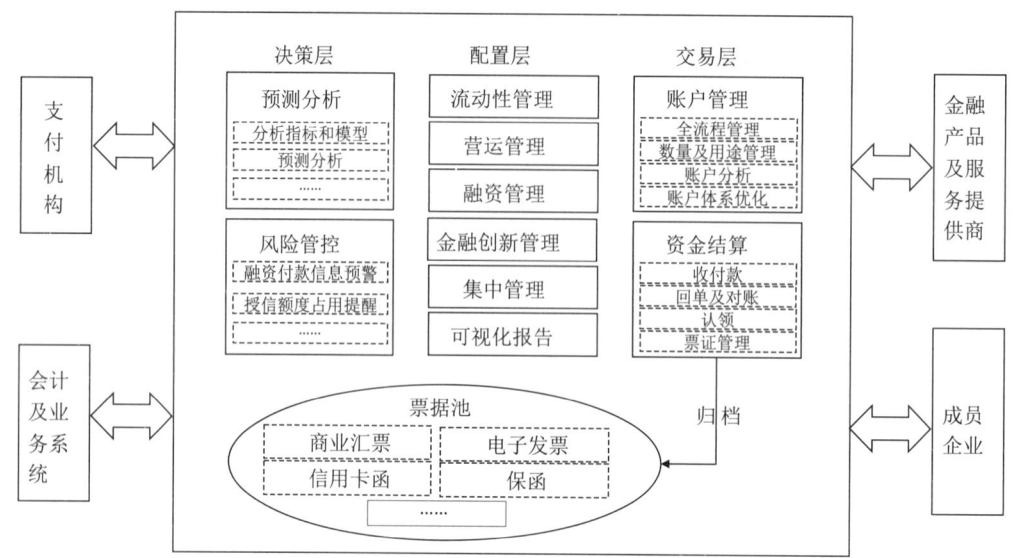

图 5.12　智能资金管理平台的构成

5.4.7　智能税务管理

税务部门充分发挥税收职能,制定、落实税收优惠政策,为媒体组织提供便捷高效的服务,赋能媒体组织"轻装快跑",支持其转型升级。例如,税务部门支持新闻出版行业的发展,对符合条件的印刷企业实行增值税 100% 先征后退;支持影视动漫行业的发展,对电影发行收入以及符合条件的电影放映收入等免征增值税。对于智能媒体组织的税务管理,智能技术能够实现税收政策研究、税务筹划、纳税申报和税务风险管控。智能税务体系构成如图 5.13 所示。智能税务管理依托云计算、数据挖掘等技术全面解析税务法规政策,提炼风险点、筹划点,梳理端到端业财税流程,清晰界定流程的起点、过程环节和重点,实现智能的发票管理和税务筹划。数据源与数据存储层依托云计算与云存储,以"数据仓库"与"数据集市"的形式实现对企业采购销全流程的税务数据、税务档案和税务政策的储存与管理。核心处理层聚焦于销项发票管理、进项发票管理、计税和纳税申报管理四大关键环节,通过发票一站式领用验、税务计算和纳税申报,极大地提高了税务处理的效率与准确性。其中,全面数字化的电子发票和税企直连通道为两大创新。全面数字化的电子发票不需要介质支撑,不需要依托税控设备开票,无特定版式要求,更符合企业个性化的业务需求,交付更加高效,用票成本更低。税企直连通道借助人工智能和 RPA 等技术手段自动计算税金与生成纳税申报表,支持税务部门进行单一或批量任务申报,并将申报结果即时回传至企业①。应用管理层通过税务统计分析、优惠政策实用性分析、智慧税务地图和税务风险管理等功能,实现智能税务筹划与合规管理。应用管理层利用数据挖掘与分析技术,智能分析企业税务,匹配优惠政策,优化税务筹划,以提高效率;构建智慧税务地图,直观地展示企业税务管理状况;利用税务风险管理功能,有效地规避风险。

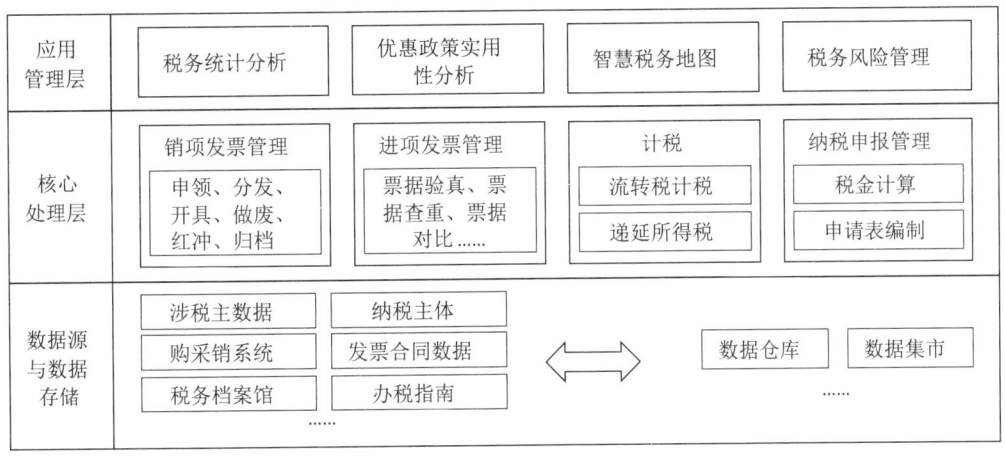

图 5.13 智能税务体系构成

5.4.8 智能风险管理

防范和控制财务风险是媒体组织健康发展的前提②。财务风险是客观存在的,无法全面消除,但可以防范和控制。媒体组织的财务风险来源于新媒体、融媒体和智能媒体等经营管理模式与宏观环境变化相适应的挑战,以及管理者的认识不正确。媒体组织的财务风险有投资风险、筹资风险、盈利风险和存货风险③。其中,盈利风险是指除广告收入和财政拨款外,不能有效扩大收入来源或者无法寻求更多的盈利途径。媒体组织掌握着话语权和舆论方向,一旦发生财务危机,后果不堪设想,以大数据和人工智能为代表的新技术为媒体财务风险管理提供新思路。

智能媒体财务风险管理体系构成如图 5.14 所示,它分为数据源与数据存储、风控分析层和风控应用层。数据源与数据储存整合媒体组织多方面的数据,运用爬虫、API 和 RPA 等技术采集财务、销售、采购和人力资源管理等系统的数据,根据财务风险管理主题将处理好的数据储存至数据仓库和数据集市。风控分析层包括智能分析

---

① 张荣静. 新经济下"智慧税务"治理生态体系构建探究[J]. 财会通讯,2023(14):160-164.
② 赵书芹. 新媒体行业财务风险防范及控制能力探究[J]. 新闻战线,2015(4):132-133.
③ 孙正浩. 出版企业财务风险管理探究[J]. 出版发行研究,2017(8):27-30.

工具、大数据风险评估指标和智能风控模型。多维动态分析和智能报表钻取等智能分析工具对企业财务状况进行监控与分析,识别财务风险节点。准入资质合格性、资产闲置率、商业折扣合规性、应收账款可回收性等被选取出来作为大数据风险评估指标,风控应用层运用风控分析层的工具、指标和模型,对具体场景的财务风险进行识别、预警和报告,实现对各个风险节点的控制。

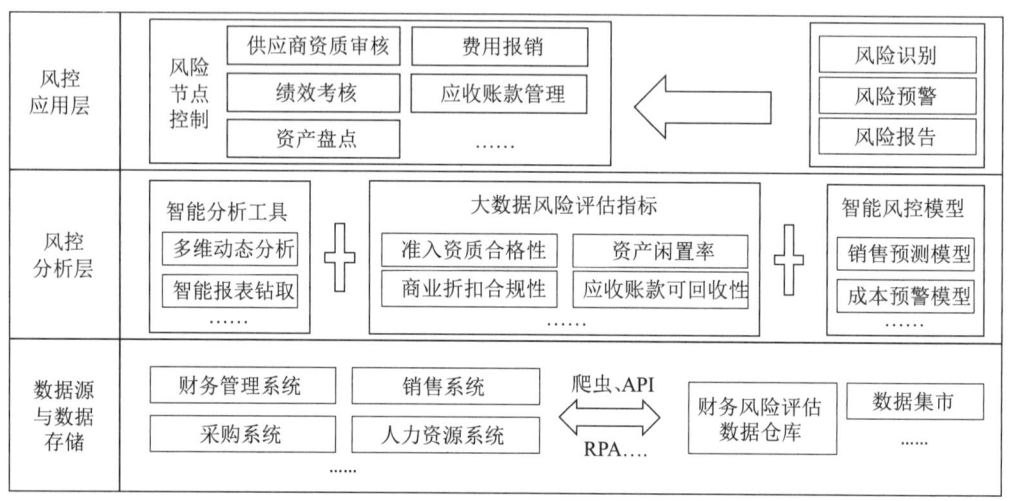

图 5.14 智能媒体财务风险管理体系构成

5.5 智能财务管理软件平台

伴随大数据、人工智能等新技术日新月异地发展,财务管理系统向着集中化、自动化和智能化发展。这些财务管理系统秉持着业财融合的理念,通过机器学习和预测模型实现财务数据的预测分析,为业务提供决策参考,具有自动化、实时化和个性化的特点。自动化即将大量简单重复且无价值增值的流程自动化,减少人工误差;实时化即打通各个系统,集中多个数据来源,实时更新重要财务指标,实时监控潜在风险,能为企业决策提供依据和控制内外部风险,保障企业可持续发展;个性化是指财务信息的呈现形式可以从不同维度进行个性化定制。

目前,很多公司开发了智能财务管理软件平台,本书主要介绍金蝶财务云管理系统、用友 BIP 财务云和 SAP 财务管理系统。

5.5.1 金蝶财务云管理系统①

金蝶国际软件集团有限公司("金蝶国际"或"金蝶")自1993年成立以来,已成为全球领先的企业管理云SaaS公司。金蝶财务云管理系统提供全面的业财税一体管理平台,支撑企业经营活动的科学决策;针对不同阶段、不同规模的企业提供不同的财务管理系统,如面向大型企业的金蝶云·星瀚财务云,面向高成长型企业的金蝶云·星空财务云,面向小型企业的金蝶云·星辰财税管理系统,不同类型的财务管理系统的功能、特点见表5.2、表5.3和表5.4。

表5.2 金蝶云·星瀚财务云的功能和特点

模块	目标	功能	特点
费用管理	全场景智能报销,业财税一体化集成,全方位提升用户体验	融合商旅服务、发票识别技术,为员工提供便捷的报销服务 提供项目、合同、分期支付等多场景、全流程对公费用管理 提供费用预算、费用标准、费用额度多种控制手段,帮助企业有效管控营销费用、管理费用	机、酒、车、餐全旅程差旅体验 智能语音、发票助手 多维费用管控
财务会计	以全球化的视角,融合多种智能技术,帮助企业财务实现数智化转型	以多核算体系、多账簿、多准则为基础,融合智能RPA技术,为企业提供包括总账、往来、资产、存货在内的精细化财务核算和管理核算,同时为企业提供无纸化的电子会计档案和标准审计文件导出服务,实现企业财务核算的数智化	财务会计与管理会计多体系核算 全球化、多会计准则 融合多种人工智能技术
财务共享	基于机器学习算法的人工智能机器人,让数字员工概念落地	可组装的财务共享服务中台,与业务、核算、税务、资金灵活搭配,深度融合,全面提升效率、降低风险,并帮助企业挖掘数据深层的管理价值	业、财、税、票、资、档一体化财务共享解决方案 智能共享平台(智能客服、智能审核、智能运营、智能质检) 一站式员工报账平台
税务管理	打通业务、财务、税务数据壁垒,实现业财税一体化	税法政策实时在线更新、预置风险指标,赋能遵从合规 智能算税、全税种纳税申报自动化,全面提升税务管理水平	发票全生命周期管理 全税种自动纳税申报 税企直联,一键申报 税务风险管控
管理会计	业财一体融合,数据赋能管理	以"一个数据中心,多种应用场景,数据赋能人人"为主导思想,以业财融合的数据为基础,通过多种应用场景,为企业价值链的每个环节、每个活动提供数据支持,助力高效精准决策,赋能企业管理	实时生成精细、多维、业财融合的事件库数据 实现标准成本和实际成本双轨核算 满足不同业务场景、不同角色用户的多维盈利能力分析

---

① https://www.kingdee.com/products/financial_cloud.html。

续表

模块	目标	功能	特点
绩效管理	从合规披露到管理决策,从管控分析到预见执行	EPM(新一代企业绩效管理体系)基于先进的多维数据库和云原生技术,打破国外巨头的技术垄断,创造性地走出了一条自主可控、对标世界一流的企业绩效管理创新之路	平台更先进:基于云原生的领先IT架构,完全自主研发的多维数据库技术,安全可控 模型更灵活:灵活的模型配置,支撑复杂多变的管理需求 合并更智能:一键智能合并,助力企业更高效地完成合规披露、更及时地制定战略决策 预测更精准:敏捷应变、智能优化,降低企业的不确定性 管控更敏捷:预算管控更高效、更准确 决策更高效:智能报告、辅助决策、预见执行
财务中台	中台驱动,打造韧性组织,实现管理创新	财务中台是共享发展的下一阶段,基于财务能力引擎、数字员工等技术,快速组装企业的个性化财务中台,构建敏捷的业财融合应用系统,打造企业差异化竞争力 基于会计事件库构建集团"一本账"的业财数据中心,还原真实业务,数据智能,赋能人人	原子化:将可复用的核心能力抽象沉淀形成"原子化"的应用能力库,提供可组装、高生产力工具 可组装:基于原子化的组件实现各应用"积木式"灵活组装,快速适配业务变化;打通前后台系统,又快又好地和各异构系统融为一体 智能化:不仅是一个超级自动化的高效处理平台,还会越来越聪明 业财数据:从业务+财务数据变为"业财"数据,形成业财数据资产,赋能业务管理
司库管理	智能全球司库,引领价值创造	以创新技术和场景驱动为依托,以业财融合高效处理为核心,以打造大企业战略价值型全球司库为目标,助力资金管理"看得见、管得住、调得动、用得好",支撑更高效的生态协同、更敏捷的业务创新和更全面的价值创造	资金业务全球可视,资金风险实时管控,金融资源全局统筹,数据驱动精准决策
银企服务	安全实时性能高,融合互联全球通	融合全球千家银行及第三方支付平台,为企业提供智能收付、电子回单、电票、信用证等多场景全生命周期一站式直联银行解决方案	资金结算直联:安全实时的全球结算、回单、认领、入账、对账"一条链"闭环服务 电票信用证直联:全生命周期电票、信用证全业务场景在线直联银行 资金订阅直联:资金收付到账动态实时精准速达业务人员、客户、供应商,加速产业链生态协同 数字人民币直联:拓展金融通道,降低企业交易成本(收付款业务0手续费) 开放银行:轻松对接开放银行,在线开通免部署,纯公有云服务,无须准备服务器,部署银行前置机即可快速上线,大大降低和金融机构连接成本

表 5.3　金蝶云·星空财务云的功能和特点

模块	目标	功能	特点
财务会计	财务报告与内部考核分离、并行,智能核算	多核算体系与多账簿使企业财务报告和内部考核分离、并行,通过智能核算的同时实现法人账与管理账的自动核算,实现企业财务核算的智能化	多核算体系、多账簿 智能会计平台 电子会计档案
费用管理、资产管理	关注全员、智能体验,提升财务服务能力	面向企业全员,为员工提供端到端一站式费用管理、资产管理等服务,形成完整的相关业务流,提升员工体验,提高企业效率	人人报销 智能语音、发票助手 人人资产
集团管控、银企服务	集团化管控,支撑集团战略落地	预算管理为企业完成资源额有效配置,结合资金管理为企业构建统一的资金池,提升企业的经营效率;财务核算集中共享化,及时的合并报表绩效呈现,支撑集团财务管控型战略体系落地	预算管理 资金管理 合并报表
税务管理	新一代企业税务云服务,全面提升税务管理水平	基于最新税收法规,结合交易计税引擎及内容服务,打通业务、财务、税务数据壁垒,实现业财税一体化,全税种纳税申报自动化,税务风险管控智能化	发票全生命周期管理 全税种自动纳税申报 税企直联,一键申报 税务风险智能管控
经营会计	精细化经营,量化成果,驱动人人	基于企业经营战略及目标,重构经营单元,按照企业内部经营规则及时反映各经营单元经营绩效,驱动人人参与经营,更好地释放组织机制活力	经营组织单元划分 经营规则构建 经营报表

表 5.4　金蝶云·星辰财税管理系统的功能和特点

模块	目标	功能	特点
凭证管理	智能账务处理,业财无缝连接	内置标准凭证模板,业务单据一键生成凭证。扫码、拍照、附件上传,智能识别生成凭证	凭证模板 附件识别 智能凭证中心
税务管理	深化业财税融合,防范税务风险	进销项发票与业务单据自动匹配,实现发票流与业务流协同管理,企业商品进销项发票比对分析。自动出具税务风险报告,对风险项给予改进指引和改善建议	进销项匹配 税负测算 税务风险报告
报表管理	多维度核算,企业价值实时呈现	智能报表快速查询分析,项目利润表多维度分析盈利情况,多账套报表平行管理,数据汇总查询,三大法定报表实时自动生成	智能报表 项目利润表 多账套报表
发票管理	一键开票,智能取票,发票全流程处理	支持电子专票、电子普票、纸质专票、纸质普票全票种处理。电票交付,纸票打印,发票红冲、作废,发票统计等全流程处理。增值税纳税申报表自动生成,助力企业轻松报税	销售开票 发票管理 纳税预申报表

续表

模块	目标	功能	特点
资产管理	资产卡片管理，自动计提折旧	支持资产新增、变动、清理、拆分、折旧等全生命周期管理，一键计提折旧并生成凭证。提供多维度折旧报表统计	资产管理 折旧计提 折旧报表
资金管理	资金互联互通，管理更高效	支持银行流水智能识别，业务单据直接生成日记账，减少重复工作。银行存款自动对账并出具余额调节表。银企互联，流水实时下载，余额实时查询	日记账 银行存款对账 银企互联
共享平台	共享平台，链接生态	凭证开放中心，外部单据对接生成凭证	外部单据列表 外部单据凭证模板
财务数据分析	专业数据分析，赋能经营决策	现金流分析，实时查看余额、现金流及收支情况，了解企业资金状况，辅助老板做出精准决策；利润分析，梳理利润来龙去脉，全盘把控企业盈利状态，助力企业创收降本增效；经营监控，监控每日经营数据，预警数据定时提醒，及时发现企业经营风险；贷款融资服务，解决企业贷款难题，帮助企业快速成长	现金流分析 利润分析 经营监控 贷款融资

  金蝶财务云管理系统的智能属性表现为业财一体化、数智体验、协同运营、精准决策和生态链接5个方面。业财一体化指该系统充分利用智能化技术提升企业的业财能力，实现业财一体标准化高效处理，如构建可与异构系统快速组装的会计引擎，供业财应用灵活复用，支撑业务敏捷创新。数智体验指该系统运用人工智能、RPA、OCR、NLP、实体机器人等创新技术为财务会计和管理会计提供支持，提升核算效率与质量，为决策提供数据支撑。协同运营指该系统从组织、业务流程等多角度出发，构建多法人、多事业部的动态业务核算模型，适配企业经营型管理架构。精准决策指该系统建设资金业务可视化、资金风险实时管控、金融资源全局统筹的财务管理体系，助力企业资金管理"看得见、管得住、调得动、用得好"。生态链接指该系统通过与业务、税务、银行等内外部生态的连接，实现业财税一体化，让财务具备对业务的管理与驱动的能力。

  金蝶财务云管理系统服务众多企业，星瀚财务云的知名合作伙伴包括中国石油、河钢集团、新奥集团、长城汽车、招商银行、中国邮政、腾讯、京东等多个行业企业；星空财务云的知名合作伙伴包括舍得酒业、云南白药、以岭药业、大族激光、野马电池等多个行业企业；星辰财税管理广泛服务于电子高科技、房地产、现代农牧、汽配及零部件、制造、批发、零售等多行业的中小企业。

5.5.2 用友 BIP 财务云[①]

用友创立于1988年,是全球领先的企业云服务与软件提供商,通过构建和运行全球领先的商业创新平台——用友BIP,服务企业数智化转型和商业创新。用友BIP财务云采用先进的智能技术,基于事项法会计理论,以业务事项为基础,以智能会计、价值财务、数据赋能、业财融合为核心理念,构建集财务共享、全面预算、核算与报告、智能费控、全球司库、企业绩效、税务服务、电子档案服务等于一体的全新一代财务管理体系,下面我们对相关服务分别介绍:

(1)财务共享。用友BIP财务云构建开放的共享服务平台,接入各类共享业务数据,集中作业处理,提供共享中心的绩效考核与运营管理平台。

(2)全面预算。用友BIP财务云基于7全(全组织贯通、全闭环管理、全业务覆盖、全价值链管控、全要素驱动、全数据管控、全系统集成)构建纵横贯通的全面预算管理体系,结合先进的数字化、智能化技术实现企业全面预算管理的愿景:落战略、配资源、打胜仗。

(3)核算与报告。用友BIP财务云助力企业搭建统一、高效、易用、智能的管理核算与合并报告平台,通过规范统一核算规则、报告体系,科学提炼核算与报告核心数据功能,融合先进的智能化手段,实现财务及业务信息的流通共享和深度挖掘,为管理决策提供有力支持和依据,促进财务人员从报告生产者转型为价值守护者甚至是价值创造者。

(4)智能费控。用友BIP财务云为大型企业提供智能费控服务,结合多项人工智能技术,内置规则引擎,全流程提高企业财务管控效率,让财务工作高效合规。

(5)全球司库。用友BIP财务云是面向大型集团的司库数字化平台,基于流程驱动+数据驱动的全新设计理念,以资金集中和信息集中为重点,以数字化能力构建为支撑,以服务战略、风险监控及价值创造为导向,全面提升资金运营效率,降低资金成本,防范资金风险,深化业财融合。

(6)企业绩效。用友BIP财务云构建基于多维模型的企业绩效管理新体系,支持复杂业务规则,预算预测场景应用、合并报表应用、管理报告应用、全球所得税报表应用等。

(7)税务服务。用友BIP财务云基于云原生架构,为企业税务管理数智化提供标准化云服务和定制化解决方案,应用场景覆盖销项开票、进项受票、各税种纳税申报、

---

① https://www.yonyou.com/subject/gd-cw-szcw。

税务管理驾驶舱、风险测评、专项建模等。

(8)电子档案。用友 BIP 财务云的电子档案基于国家标准规范要求建设,通过收集、转化、档案整理、档案保存、档案利用、档案统计、档案处置等档案业务管理,实现文档全生命周期管控,助力企业数字化转型,赋能企事业单位数据管理与数据深度利用,提升经济效益与管理效能。

用友 BIP 财务云的智能性表现为事项会计、智能财务、全球化、精准税务、敏捷财资和社会化 6 个方面:

(1)事项会计。用友 BIP 财务云以企业经济活动为依据,实时计量、记录并生成会计信息,为企业提供更具时效性的财务数据服务。

(2)智能财务。用友 BIP 财务云帮助企业实现财务业务自动化和财务运营数智化,其中 RPA、VPA(虚拟个人助理)、软硬一体机器人等自动化应用有助于全面提升工作效率,基于机器学习的分析预测技术赋能企业数智化运营。

(3)全球化。用友 BIP 财务云支持多币种、多时区、多格式、多会计准则,提供多税制、发票、支付、差旅管理等服务。

(4)精准税务。用友 BIP 财务云是以业财税金一体化、全流程应用,全税种管理与核算,税企直连自动化和税务风险评估为核心的创新应用系统。

(5)敏捷财资。用友 BIP 财务云以企业现金流活动系统管理闭环为主线,提供企业流动性、资本运营、投融资和风险管理,将金融服务嵌入企业经营活动,银企联云新模式打通了与银行的连接通道。

(6)社会化。用友 BIP 财务云旨在实现财务的社会化连接,一方面实现与商旅、税务、金融等的连接,另一方面实现围绕核心企业的上下游协同对账和管控服务。

用友 BIP 财务云广泛服务于各个业务场景,其合作伙伴包括离散制造、消费品、流程制造、钢铁冶金、工业化工与造纸、制药与医药流通、食品饮料、装备制造、能源、交通运输与物流、航空与机场、公共事业、建筑等多个行业企业。

5.5.3 SAP 财务管理系统[①]

1972 年,SAP 成立于德国,是全球领先的企业应用软件提供商,其财务管理系统致力于推进企业财务管理的数字化、无纸化和自动化进程。财务部门应充分发挥 ERP 财务管理系统的优势,构建新的业务模式,优化运营资本,提高效率并降低风险,

---

① https://www.sap.cn/products/financial-management.html。

给社会和环境带来积极的影响。SAP 财务管理系统主要有财务规划与分析、会计与财务结算、税务管理、资金管理、应付账款和应收账款,以及治理、风险、合规(GRC)与网络安全 6 大功能模块。

(1)财务规划与分析。财务规划与分析是财务管理的第一步,SAP 财务管理系统突破传统界限,能够与不同业务部门的 SAP 云应用进行实时集成,实时执行规划、分析、预算编制和预测,将财务、战略和运营规划工作扩展到全企业。该系统内嵌商业智能,简化日常事务,以提高工作效率,利用由机器学习驱动的洞察,更快速、更准确地预测,执行细化的盈利能力和成本的分析。

(2)会计与财务结算。会计与财务结算是财务管理流程中最烦琐的环节,SAP 财务管理系统充分利用精益会计实践,借助自动化的工作流,简化对账和合并流程,并加快结算速度。此外,SAP 财务管理系统还可以简化合规管理,确保财务报告符合法规要求。

(3)税务管理。政府正在不断出台新的法律法规,推动数据的数字化和透明化。SAP 财务管理系统能帮助企业制定更明智的税务决策,从而减轻税务管理负担。SAP 财务管理系统实时了解企业合规情况,并交付高质量的税务数据,尽可能地降低违规风险,此外,该系统还能实现全球合规管理自动化,提高透明度和可审计性,快速响应不断变化的法规要求。

(4)资金管理。实现资金实时可视性对于财务管理至关重要。SAP 财务管理系统能够即时提供数据视图,帮助企业降低财务风险,此外,还能够帮助企业自动执行资金管理任务,管理合规性并访问市场数据等。同时,其全面管理运营资本,集中简化付款流程,优化现金和流动性管理,实现无缝互联和集成,内置合规和分析流程,降低财务风险。

(5)应付账款和应收账款。SAP 财务管理系统对产品、服务、项目、订阅和使用计划等执行一次性与周期性计费,加快新业务模式的计费流程,快速实现商业价值。

(6)治理、风险、合规(GRC)与网络安全。风险管理是企业财务管理中至关重要的一环,随着违规、欺诈和网络攻击愈演愈烈,风险管理比以往任何时候都更具挑战性。利用 SAP 财务管理系统治理风险、合规(GRC)与网络安全模块,企业可以根据预测及早采取预防措施,应对财务管理中的异常情况和潜在风险。

SAP 财务管理系统的智能属性表现为前瞻性洞察、流程自动化和实时提供财务管理报告 3 大方面。SAP 财务管理系统有助于释放企业业务增长潜能,其借助预测分析和订阅计费实现洞察,准确评估财务影响,并预测实施新的财务管理模式所需的流动资金。SAP 财务管理系统自动化的财务管理流程有助于降本增效,财务数字化领域的人工智能和机器学习技术能够帮助企业简化运营,优化工作流程,提高结算、现金管理、合规报告和控制措施监控流程的效率。实时、相关的数据至关重要,SAP 财务管理系统能够帮助企业制定明智的决策,此外,该系统还集成了可持续发展指标,能够提供切实可行的洞察报告,帮助企业有效管理 ESG(环境社会和公司治理)风险,并支持可持续发展。

SAP 的创新型解决方案能帮助全球各行业各规模的企业实现业务转型,简化业务运营。在 SAP 的生态系统中,合作伙伴有 26,000 多家,包括零售、专业服务、消费品、公用事业、医疗卫生和高等教育等行业。

5.5.4 常见的智能财务管理平台对比

常见的智能财务管理平台对比见表 5.5。

表 5.5 常见的智能财务管理平台对比

智能财务管理平台	所属公司	体系构成	典型特点	关键技术
SAP 财务管理系统	SAP	财务规划与分析 会计与财务结算 税务管理 资金管理 应付账款和应收账款 治理、风险、合规(GRC)与网络安全	前瞻性洞察 流程自动化 实时提供财务管理报告	基于 SAP BTP(SAP 技术业务平台)和 SAP HANA(内存计算平台)内存计算数据库构建的分析云,数字会议室 盈利能力和绩效管理,ERP 云(SAPS/4HANA Cloud) SAP 税收控制存储库,账户验证和自动化(SAP Account Substantiation and Automation by BlackLine) 现金应用,企业财务风险管理,账单和收入创新管理,内部控制管理,审计作业平台,商务合规审查,SAP Watch List Screening,国际贸易管理,企业威胁侦查,访问控制模块,云身份访问治理,报价云,信用集成系统
Oracle Fusion 财务云	甲骨文	会计平台云 报告与分析 应付账款 资产 收入管理 应收账款 收款 费用管理 合资管理 美国联邦财务	财务战略化 优化现金流动性 实时的财务洞察	会计引擎,高度可配置的规则引擎,嵌入式机器学习 会计储存库,实时报告,发票的智能非接触式处理 关账管理器,智能实时监控 基于多维模型构建的独特报告平台,可视化工具 智能文档识别,交互式查看器 实时警报,信用管理工具,自动识别创建客户合同 基于客户评分的高级收款策略,预算监测器 基于规则的自动流程,跨部门的广泛电子表格集成 嵌入式事务智能指导,费用数字助理

续表

智能财务管理平台	所属公司	体系构成	典型特点	关键技术
INFOR Sun-Systems®	Infor	财务管理 采购 销售 库存管理	基于情景分析，回溯源事物 与现有系统兼容 随时随地，灵活扩展 超越语言和币种限制 本地化报告	Infor OS（运营服务）底层技术平台 中间件解决方案 ION（去中心化标识符网络），智能开放网络 Infor Data Lake 原始数据储存，跨系统数据可视化 个性化和可自定义主页聚合流程 多业务文档跨系统自动捕获、授权和归档 企业动态绩效管理（d/EPM）深度分析智能预测 Infor CloudSuite™ EAM（企业资产管理）自动化监测、警报管理、人工智能、物联网和无人机技术 费用流程自动化
用友财务云	用友	财务共享 全面预算 核算与报告 智能费控 全球司库 企业绩效 税务服务 电子档案	实时会计 财务自动化 数智化 精准税务 敏捷财资 全球化 社会化	OCR 扫描、自动识别敏感词汇、智能填报 本地 PDF（可携带文件格式）、OFD（开放式版式文档）文件解析技术 RPA 虚拟客户助理，"小友" VPA 机器人交互 电子影像、LED（发光二极管）大屏技术、数字决议厅 事项中台、原始事件库、用友 BIP 商业创新平台 基于知识图谱的"规则引擎系统" 数据湖技术，全电发票，智能信用算法 区块链、NLP、知识图谱税务 银企互联，电子档案智能采集、匹配 BP 神经网络等数据分析算法模型
金蝶·星瀚云	金蝶	费用管理 财务会计 财务共享 税务管理 管理会计 绩效管理 财务中台 司库管理 银企服务	事件驱动会计 共生增值 全球多维财务 从共享到中台 场景化 无界化、人人化、移动化 财管模式生态化	集成发票云，集成商旅平台 DAP（目录访问协议）会计核算引擎 人脸/声纹识别，语音交互 OCR 图像识别，RPA 自动审核、自动核算 智能派单引擎，信用管理、规则引擎 银行直连接口和 LPR 技术，企业绩效云 多维数据库 EPM 客户端 报表机器人
金蝶·星空云	金蝶	财务会计 费用管理 资产管理 集团管控 银企服务 税务管理 经营会计	赋能人人 内外部生态连接 组织、业务流程协同运营 数智体验	RPA 财务机器人 对接商旅、税务云、电子档案 区块链、OCR 识别、智慧发票 数字货币

续表

智能财务管理平台	所属公司	体系构成	典型特点	关键技术
金蝶·星辰云	金蝶	智能凭证 多维会计核算 应收应付 成本核算 税务管理 智能分析 出纳管理 费用报销	业财税融合 基础业务 银企互联 安全	智能识别发票,智能生成凭证,智能三单匹配 自动出具税务风险报告及智慧匹配解决方案 智能报表快速查询分析 自动对账
东软财经云平台	东软集团	资金管理平台 银企协同平台 报账管理平台 财务共享运营平台 客商协同以及财税管理平台 影像管理平台 电子档案平台 移动应用平台 大数据分析平台 智能客服	集中管控财务 方便集团新增分支机构 支持集团相关资金流 强化集团内资本纽带 规范财务管理体系	人工智能 深度学习 大数据挖掘与分析 深层次预算控制模型 强大智慧核算功能 支持 SAP、Oracle、NC(数字控制)等 ERP 系统深度集成 多币种实现 支付、报销、工资代发、资金池等 7 种自助化服务及账户监管 境外业务的接入渠道及清算方式 共享作业任务池
浪潮 GS Cloud 财务 & 浪潮云会计	浪潮集团	财务云 司库云 税管云 差旅云 集团财务 财务公司 全面预算管理会计	端到端全业务数字化 规范化集团管控落地 精益化提升管理价值 集约化资源集约共享 智能化智慧企业 开放协同促进资源联动	云计算架构:微服务、DevOps(过程方法与系统的统称)、容器化等云原生技术,支持私有云、公有云、混合云部署 低代码,模型驱动结构 自研前端 Farris UI 架构,千人千面 开箱即用人工智能服务库 财务机器人 EAbot(易宝特) 语音交互、人脸识别、批处理、机器学习、RPA 财税语义理解 集成开放平台 浪潮服务器支撑 浪潮云中心储存

5.6 本章小结

本章介绍了智能媒体财务管理的相关内容。资金是智能媒体发展的重要因素之一,研究智能媒体财务管理有助于人们加深对智能媒体管理的理解,并支持智能媒体的持续健康发展。随着媒体业务流程变革和内外部资源的有效整合,智能媒体已经发展成为开放共享、价值共赢且业态复杂的生态系统,需要更加高效的财务管理模式。媒体组织运行的业务智能化推动了财务智能化的发展。业务沉淀的数据、数据分析能力和技术等资源可以被智能媒体财务管理平台有效利用,产出的财务管理报告又可以支持与服务智能媒体业务的良性发展,形成生态化循环。本章的主要内容包括5部分:第一部分为智能财务管理的概念和特征,第二部分为智能媒体财务管理的概念和特征,鉴于媒体组织的特殊性,智能媒体财务管理的目标以社会效益为重点,追求社会效益与经济效益的最佳结合,第三部分为智能媒体财务管理体系,具体由智能媒体产业生态、智能媒体业务平台、智能媒体财务管理平台、智能媒体财务支持平台、智能媒体财务数据平台和智能媒体财务能力保障体系6部分组成,第四部分为智能媒体财务管理平台核心模块,针对财务核算、经营分析、预算管理、成本管理、资本运作、资金管理、税务管理和风险管理8大模块进行介绍,第五部分为智能财务管理软件平台,详细介绍了被广泛使用的金蝶财务云管理系统、用友BIP财务云和SAP财务管理系统,概括出了各类智能财务管理系统具有自动化、实时性和个性化的特征。

参 考 文 献

[1] 赵丽锦,胡晓明.企业财务数字化转型:本质、趋势与策略[J].财会通讯,2021(20):14-18.

[2] 张庆龙.论下一代财务的思维特征[J].财会月刊,2020(11):8-12.

[3] 张庆龙.智能财务研究述评[J].财会月刊,2021(3):9-16.

[4] 张敏.智能财务十大热点问题论[J].财会月刊,2021(2):25-30.

[5] 孟乾坤,裴潇.智慧财务管理:本质、形式及实施路径[J].财会月刊,2018(3):59-64.

[6] 刘勤,陆诗婷.人机协同模式下财务流程优化研究:以K公司费用报销流程为例[J].财会月刊,2022(11):115-120.

[7] 戴程.省级电视台创新媒体平台运营路径探析[J].中国广播电视学刊,2019(7):38-41.

[8] 曾培伦,郑雯.内循环与本地化:我国县级融媒体中心的经营路径探析[J].传媒观察,2022,466(10):75-81.

[9] 杨国瑞,周霖,高华中,等. 媒体融合背景下中国广播电视媒体管理会计应用研究[M].北京:科学技术文献出版社,2019.

[10] 邓睿淇.基于内部控制精细化的公立医院智慧财务体系建设[J].卫生经济研究,2022,39(1):90-93.

[11] 陈祥碧.媒体财务管理模式构建与创新[J].新闻战线,2015(1):190-191.

[12] 郑琛,余志勇,周一杰,等.国家电网基于"虚拟共享"理念的集团企业商旅服务模式建设与应

用[J].财务与会计,2021(24):21-24.

[13]赵金梅,刘胜花."智慧税务"背景下企业集团税务管理数字化转型路径[J].财会通讯,2023(16):155-158.

[14]刘海玲.洞见行业发展新趋势 共建智能财务新生态[N].中国会计报,2023-07-14(13).

[15]简晓辉.浅谈财务视角下广西广播电视发展[J].财务与会计,2021(19):81-82.

[16]王晓伟,薛雅敏."融"出来的长兴模式[J].新闻战线,2018(12):93-94.

[17]何瑛,李壕爽,于文蕾.基于机器学习的智能会计引擎研究[J].会计之友,2020(5):52-58.

[18]程平,彭兰雅,辜榕容.大数据下基于机器学习的项目智能成本管理研究:以A风景园林规划研究院规划设计类项目为例[J].财会通讯,2021(10):112-115.

[19]张庆龙.智能财务的应用场景分析[J].财会月刊,2021(5):19-26.

[20]厉振羽.资本运作:壮大主流媒体的捷径[J].传媒,2015(17):21-23.

[21]许晓芳,李雪菊,史国英,等.金融结构市场化程度与公司资本运作:基于中国A股上市公司的经验证据[J].中国软科学,2023(6):142-154.

[22]李慧.税费优惠赋能文化产业"轻装快跑"[N].光明日报,2021-09-27(7).

[23]童艺强.改制背景下传媒集团财务风险管理研究[J].财会通讯(中),2016(4):100-102.

[24]程平,万梦竹.企业大数据智能风控:内涵、技术框架与实施流程[J].会计之友,2023(12):143-149.

第6章 智能媒体资产管理

6.1 智能媒体资产的概念和类型

6.1.1 资产的相关概念

6.1.1.1 资产和资产管理

2001年,国务院出台的《企业财务会计报告条例》把资产定义为"过去的交易、事项形成并由企业拥有或控制的资源,该资源预期会给企业带来经济利益"。从这个定义中可以看到资产有两个关键属性:一是资产的经济属性,即能够为企业提供未来经济利益;二是资产的法律属性,即必须为企业所控制,资产产生的经济利益能可靠地流入该企业,并为该企业提供服务。

在会计实践中,还要求"资产必须能够用货币来计量"。财务会计只核算报告明确的、可进行计量的对象,任何存在计量困难的内容都不进行反映。现行的资产负债表中对于资产的分类与统计仅限于一部分可确切计算的资产。例如,企业拥有的货币资金、银行存款、股票等金融资产,设备、厂房、产品等有形资产,商标权、土地使用权、专利技术等无形资产,还有最新宣布入表的部分数据资产。无法以货币单位精准计量的其他无形资产(如人力资产等)虽在入表环节存在盲区,却也不断为企业创造着价值,在更广义的范畴中也属于组织的资产。

资产管理就是一系列系统的、协调的活动和方法,企业通过这些活动对其资产进行优化管理,努力实现资产生命周期内效能、风险和成本综合管理最优,以便最终实现企业整体战略目标[①]。资产管理按流程划分一般分为资产认定、审计、评估、交易、盘点等环节,按资产类别划分可以分为流动资产管理、金融资产管理、应收账款管理、存

---

① 资产管理体系应用指南编写组.资产管理体系应用指南[M].北京:企业管理出版社,2016:25.

货资产管理、固定资产管理、无形资产管理等，但无论怎样划分，资产增值都是组织资产管理的核心目标。

6.1.1.2 有形资产和无形资产

按照资产是否有实体形态可以将组织的资产分为有形资产和无形资产。

有形资产是指以具体物质产品形态存在的资产，包括实物资产和金融资产。其中，实物资产是指各种具有使用价值的设备、产品、厂房及其他各类不动产等；金融资产是指企业拥有的货币、银行存款、股票、债券等各类金融工具和产品。

无形资产是为企业拥有或者控制的没有实物形态的可辨认非货币性资产，包括专利权、商标权、著作权、土地使用权、非专利技术、商誉及部分数据资产等。在当代，企业无形资产在更广泛的意义上是企业的无形资本，许多内容传统的会计模式无法明确指认和记录其账面价值，是既非货币化又非实物化的，却对企业生产经营起着举足轻重作用的资产或资本。

不同学科与不同使用场景的语境下，无形资产概念的内涵也有所不同。例如，会计学主要侧重于无形资产的入账价值问题，分为可确指无形资产与不可确指无形资产，范围较小；管理学更侧重于将无形资产看作一种有价值的经营性资源，能够提升资产运营的经济效益。在企业管理场景下，无形资产包含租赁权、土地使用权等资源型无形资产，商标权、工业及产品外观设计等知识型无形资产，专用技术、优惠合同等权利型无形资产，销售管理网络、经营管理方法等经营型无形资产，以及商誉、企业文化、企业形象等观念型无形资产。企业的无形资产还包括数字资产和无形金融资产，如资产化的数据资源、各类数字化产品及数字金融资产等。企业的有形资产和无形资产如图6.1所示。

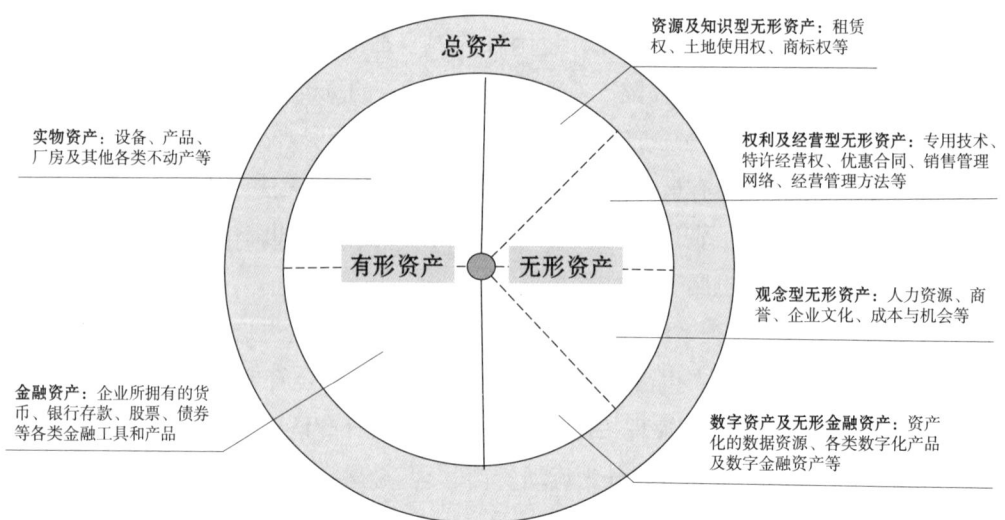

图 6.1　有形资产和无形资产

6.1.1.3 数字资产和数据资产

数字资产包括两种类型：一是资产化了的数据资源，即数据资产；二是数字化了的各类资产。

第一类数据资产主要包括组织对机构本身和个人的各类活动、行为拥有的海量的记载，包括供应链数据、财务数据和客户数据等，这些数据成为组织数据资产的基础，通过管理和运营，可以为组织或个人带来经济价值。

第二类数字资产可以解释为价值或资产的数字化表示，是指由经济主体利用加密或其他方式创建的电子形式的财产。这些数字资产包括数字化了的各类内容资产、中央政府发行的加密货币和不可替代代币，以及自然人和法人通过电子方式交易、转移和存储的数字资源，如比特币、以太币等虚拟货币，这些资源被用于支付、投资和其他用途。

此外，根据财政部 2023 年 8 月 21 日印发的《企业数据资源相关会计处理暂行规定》，数据资源根据获取渠道可划分为外购数据资源和自行开发数据资源；根据使用形式又可分为内部使用数据资源和对外交易数据资源。这样的分类有利于实际价值的计算。

6.1.2 媒体资产和智能媒体资产

随着媒体组织智能化程度的不断提高，智能媒体资产的构成相较于传统媒体资产发生了明显变化。因此，需要进一步明确智能媒体资产的内涵和特点，以更好地应对媒体行业的发展变革。

6.1.2.1 媒体资产

媒体资产是指媒体组织拥有或控制的经济资源，如设备、场地及媒体素材、节目、文稿等。媒体资产既包括会计学中能够明确入表的资产类型，又包括暂时无法以货币单位合理预估其价值的资源和暂未产生经济效益却能够被合理利用并预期会产生经济效益的资源。例如，智能媒体运行过程中所产生的大量用户数据，包括用户基本信息(用户姓名、性别等)和行为数据(用户浏览的页面和收藏、评论、转发数据等)。这些数据被进一步挖掘分析，可以形成客户偏好、个人标签等有效的描述性信息，从而成为能够为企业产生经济效益的重要资源。

相较于金融、政府、医疗等领域的数据资产，媒体数据资产具有多样性、高时效性、用户性、数据体量大、高价值性等特点,为媒体数据的挖掘利用奠定了基础①,也对媒体资产的智能化管理提出了新的要求和挑战。

媒体组织的有形资产是指具有实物形态,被所有者占有、使用并且可以为所有者带来经济效益的资产,包括媒体组织所拥有的办公场所、办公及生产设备、储备的资金等一切财产。例如,电视台的采、编、播设备,如摄像机、编辑机、转播车等,以及媒体资产管理系统设备,如上载设备、存储设备、下载设备、检索设备等,还有打印机、复印机等常用办公设备,还有网络通信设备等。

媒体组织的无形资产是指没有实物形态,但能被所有者占有、使用并带来经济效益的资产,主要包括知识产品,如各类节目内容、素材、广告播映和刊登权、专有技术、经营理念、管理经验、信息产品质量、文化精神、组织形象等。总之,一切与内容产品生产经营有关,能为媒体组织带来经济利益,不具备物质实体的资产,都属于媒体机构的无形资产②。

随着各行各业数字化进程的加速推进,"数据即资产"的说法已经被越来越多的人谈及,数据对企业所产生的价值得到了人们的广泛认同。数字资产已经成为市场竞争的重要筹码,也是企业的重要无形资产。同样,针对现代媒体组织,数字资产的地位也日益提高。这些数字资产大多是媒体从业人员创意和劳动的结晶,具有极高的价值。这些数字化的内容和素材不仅可以在媒体组织内部得到反复利用,而且在版权规则的保障下,可以在经济全球化的大环境中流通。数字资产被重复利用的次数越多,流通的频率越高,所创造的价值也就越大。

6.1.2.2 智能媒体资产

智能媒体组织利用智能技术对媒体业务流程进行变革,重塑人类智能与机器智能的协同融合。这种变革转变了媒体管理的主体、范畴、手段和层次。通过独特的生产和运营模式,智能媒体组织推进了媒体组织资产的数字化以及数据资源的资产化,形成了独有的无形及有形资产。

从信息传播机制角度来看,智能媒体与智能传播概念的核心并不是"智能",而是"数据"。数据驱动的信息生产方式和数据驱动的信息传播方式是智能传播的本质③。

智能媒体资产区别于其他媒体资产的特征是组织对数字资产的积累与使用。因

---

① 蒋嘉莉.媒体数据资产价值评估研究[J].中国资产评估,2022,269(8):14-19,29.
② 宋培义.数字媒体资产管理理论与应用[M].北京:中国广播电视出版社,2013:13-14.
③ 方兴东,钟祥铭.智能媒体和智能传播概念辨析:路径依赖和技术迷思双重困境下的传播学范式转变[J].现代出版,2022(3):42-56.

此,本书把智能媒体资产界定为智能媒体组织拥有和控制的,具有实际或潜在经济价值的,以数字资产的积累与使用为特征的资源、资产的集合,包括智能设备等有形资产,还包括音视频节目、素材、图文等数字化内容,以及企业运营过程中产生的系统化管理的数据资源,如用户使用数据、内容流量数据等。

智能媒体的数字资源积累与媒体智能化水平提升是一个过程的两个方面。组织在对数字资源的积累与使用过程中,产生了相关的有形资产和无形资产。有形资产包括各类智能设备,无形资产包括上面所述数据化的各类音像产品等资产以及资产化的各类数据。以上所有对资源的使用和积累的过程都使组织成长为智能化程度更高的智能媒体。智能媒体资产形成过程如图 6.2 所示。

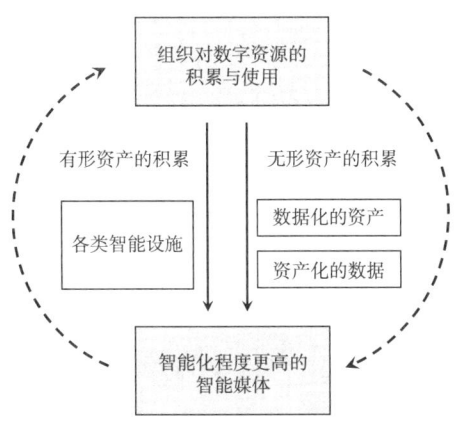

图 6.2 智能媒体资产形成过程

6.1.3 智能媒体资产的类型

按资产是否有实体形态划分,智能媒体资产可以分为无形资产和有形资产两类。

6.1.3.1 智能媒体无形资产

6.1.3.1.1 数字化的媒体资产

数字化的媒体资产是媒体组织拥有和控制的、版权明晰的、具有经济价值的各类内容资源,包括以数字化形式存储的音频节目、图片、文稿等,它们大多具有极高的历史价值和社会价值。不同媒体组织的媒体资产有所差异,如报社或报业集团拥有各种各样的稿件、图片、版面文件、背景资料信息等数字化内容资产;广播电视媒体组织的数字化内容资产除了上面提到的,还包括大量的音频和视频节目内容[①]。

---

① 宋培义.数字媒体资产管理理论与应用[M].北京:中国广播电视出版社,2013:13-14.

随着数字化进程的不断推进,多媒体数字内容数量迅猛增加,智能媒体对内容生产和传播速度的要求也逐渐提高,对内容的管理也不断升级和系统化,逐渐形成了较为成熟的智能媒体资产管理系统,其利用智能化的技术与管理方法,规范媒体内容生产、审核、传播、存储等关键环节,促使媒体数字化资产不断创造经济价值。

6.1.3.1.2　资产化的数据资源

资产化的数据资源即数据资产,是由组织合法拥有或控制的数据资源,以电子或其他形式记录,如文本、图像、语音、视频、网页、数据库、传感信号等结构化或非结构化数据,可进行计量和交易,能直接或间接地带来经济效益和社会效益[①]。这些数据资产经过管理与运营已经成为智能媒体组织重要的无形资产。

智能媒体运行过程中产生大量数据,数据资产反映了媒体组织多年的积累,按照产生数据的情景可将数据划分为用户数据、组织业务经营数据和关系数据。

用户数据包括用户基本信息和行为数据,如用户姓名、性别、出生日期、电话号码、家庭住址等基本信息,用户浏览的页面和收藏、评论、转发数据等,也包括通过进一步挖掘分析所产生的客户偏好、个人标签等描述性信息。媒体平台可由此建立有效的媒体数据产品,并提供智能推送等个性化数据服务,最终实现用户引流与沉淀。

组织业务经营数据是企业在生产经营管理活动中产生的数据,如企业生产、营销、推荐等业务活动中产生的数据。

关系数据是不同主体相互联系、相互作用过程中产生的数据,如媒体组织之间由交易活动产生的买方数据、卖方数据等。

在数字经济背景下,各类组织都拥有自己的数据资源,智能媒体的数据资源也有着自身的特性,如多样性和高价值性。

(1)多样性。除了以自身媒资库为基础的内容数据,智能媒体还根据市场需求并通过行业合作,形成了舆情数据、政府数据、评估数据、经济数据、知识数据等特色数据。

(2)高价值性。除内容数据价值外,媒体数据的高价值性还体现在智能媒体通过对数据的租赁、转让或建立咨询智库等形式可实现媒体数据价值的二次变现。值得关注的是,目前数据资产管理还处于初步摸索阶段,面临诸多挑战,如用户使用数据、企业关系数据等数据资源权责不清、交易合规性等问题。因此,智能媒体数据资源的资产化还需要更多的实践与反思,以实现数据资源利用的合规和高效。

---

① 中国信息通信研究院云计算与大数据研究所.数据资产管理实践白皮书(5.0版)[R].北京:中国信息通信研究院,2021.

####### 6.1.3.1.3 其他无形资产

智能媒体还拥有其他无实物形态的可辨认非货币性的权益类、数据类等无形资产,能够使智能媒体组织在较长的时期内受益的法定权利与企业继续经营有关,并完全作用于企业的经营活动[①]。数字资产的积累、使用过程中也会产生相应的专利、技术等权益类资产,这些权益类无形资产的积累是数字资产不断产生经济价值的保障。

6.1.3.2 智能媒体有形资产

智能媒体的有形资产既包括传统的以具体物质产品形态存在的资产,如固定资产、在建工程等,又包括智能媒体在数字资产沉淀、运营、使用中的有形资产,如智能硬件、智能终端等智能设备。

智能媒体硬件以平台底层软硬件为基础,以智能传感互联、人机交互、新型显示及大数据处理等新一代信息技术为特征,应用于媒体内容生产与传播的各个环节。智能媒体的后期制作系统、视频编辑工具、高清收录系统、实时制作系统、虚拟演播室系统、智能审片系统、视频服务器等软件系统结合相应智能设备,形成智能媒体内容生产平台。

6.2 智能媒体资产管理基础平台建设

智能媒体资产管理基础平台是智能媒体资产管理的前提和基础,为媒体组织提供了统一的平台支持,使其可以有效地管理各类数字内容生产与运营的全过程。通过基础平台,数字内容资产得以被有效积累和沉淀。智能媒体资产管理基础平台主要包括大数据平台、数字内容处理平台、数据安全管理平台等。广播电视等媒体组织通过建设基础平台系统,采用多租户的方式实现不同频道内容生产业务的运转。

6.2.1 大数据平台

大数据平台以全媒体公开数据为基础,通过多维度和高精度的数据挖掘与分析,为用户提供线索汇聚、热点发现、视频线索指数、传播效果分析、知识库搭建等大数据应用与服务,在有效留存和整理媒体自有数字内容的同时,联通全媒体公开数字内容资源,完成资源存储和编目,为内容查找和再创作提供基础。大数据平台的建设基于完善的人工智能生态,涉及人工智能认知、人工智能执行和人工智能决策的全部技术,

---

① 张荣生.现代商业企业资产管理[M].北京:中国国际广播出版社,1996:184-185.

以及"需求规划—模型选择—数据收集—数据标注—模型训练—模型调优"迭代闭环的人工智能学习训练体系。

大数据平台支持数字化资源上传编目,同时完成资料的汇聚、管理、检索、再利用以及永久保存。充分利用人工智能技术以及大数据技术,可实现媒体资产的智能化、服务化、运营化,能盘活媒资库存资产,实现媒体组织对各种内容数据的管理,解决媒体组织编目成本高、业务效益低等困扰,帮助用户实现各类检索及相关资源推荐,提高检索效率和精度。

大数据平台为新的内容生产提供了庞大的素材库。平台积累了大量智能编目的文字、图片、视频等内容,且与生产系统相连接,通过各类数字资源的回传不断完成自我扩充。除可复用内容资产积累外,平台还可统一管控专用音视频站点及通用资源,统一管控通用IT资源和专用音视频设备,为视频及图文内容快编积累素材。

大数据平台支持在全媒体范围监控内容传播情况,并分析传播效果,过滤无效信息形成分析报告。平台通过全媒体信息源采集相关信息和数据,再通过多种方式过滤数据,最后通过转载量、传播量、传播地域、传播人群、排行榜等指标,量化传播效果,给组织决策提供参考。

6.2.2 数字内容处理平台

融媒体进程的加快促进媒体数字内容生产和管理走向规范化与便捷化,数字内容生产包括制播一体与后期制作两种模式,均以平台+工具为主要运行模式。

内容处理平台应用层工具和服务的呈现需要底层技术的支持,基础环境、数据支持、底层服务保证了生产、编辑工具和后台、素材管理服务的顺利运行。内容处理平台底层技术构成如图6.3所示。

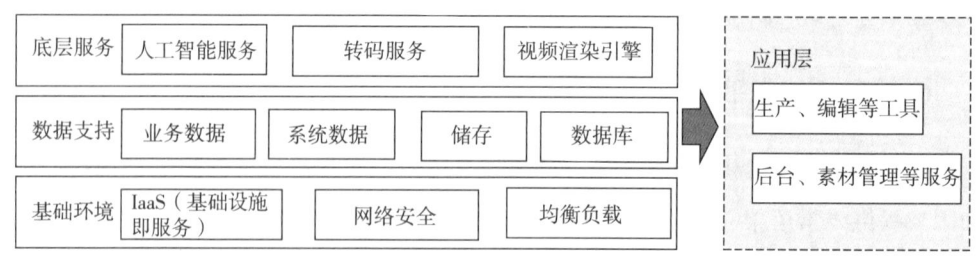

图6.3　内容处理平台底层技术构成

6.2.2.1　制播一体

数字内容的生产从收录、制作、审核到播出,几个环节联系紧密、相互融合、不可分割,逐渐形成制播一体化。制播一体模式包括高清收录、现场及云端制作、演播室交互呈现几个环节,常用于满足体育赛事、节目现场等场景的需求。智能媒体一体化制播流程拆解详见图 6.4。

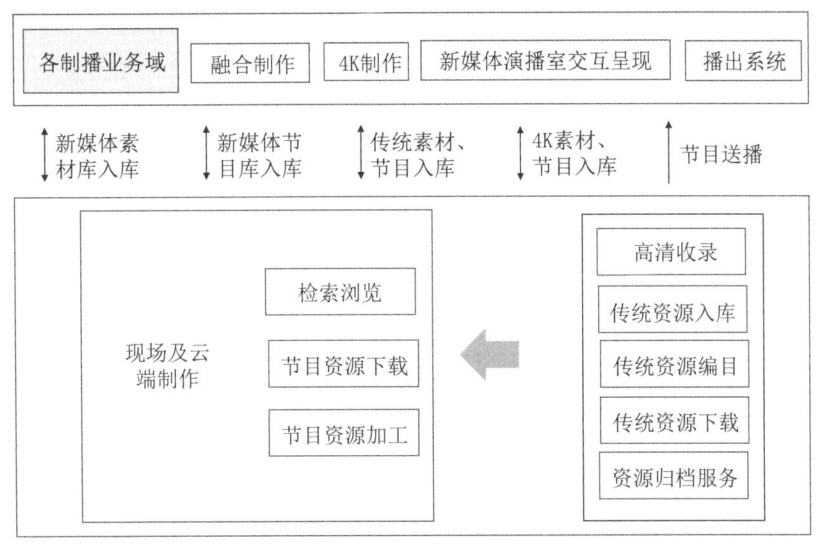

图 6.4　一体化制播流程

6.2.2.1.1　高清收录

节目制作中,通过采用面向 4K 超高清或更高清应用的收录硬件产品,节目能够被多服务器多通道帧精度同步录制,且有 SDI/UDP/SRT 多种回显监看方式。通过控制工作站,平台可以对多台机器进行统一的画面回显监看及管理,从而更好地掌控节目制作的全过程。演播室现场录制场景中,由于摄像机信源多,需要同步录制,以保证节目的质量。为了满足这一需求,平台采用外接同步设备的方式,将信号与 LTC 时码(纵向时间码)绑定,这样多通道节目录制中每个通道的同步性就有了保障。

6.2.2.1.2　现场及云端制作

实时制作系统集成了传统小型演播室的各类应用,包括多机位导切、真三维虚拟、在线图文包装、多通道录制、多通道调音台、远程直播连线、多平台推流直播等功能。这些功能在晚会演出、音乐会直播等线上线下直播联动的内容输出中发挥着重要作用,实现了"边采边播",录制开始即可对录制内容进行编辑,为后期制作争取时间窗口,确保播出时间的顺畅。

平台的一体化制作功能使现场制作导切动作能够自动生成切点文件,记录现场制作精彩瞬间,录制内容被导入后期制作系统后,系统可实现对录制内容后期的一体化生产。平台所有的工具能够帮助媒体一站完成从素材的导入、剪辑制作、字幕图文、特效、调色到监看、输出的诸多环节。

6.2.2.1.3 演播室交互呈现

智能演播室是高度集成虚拟影像、切换台、调音台、录制等功能的一体化演播室解决方案。演播室环境能够智能变化,可根据演播实际需求创造光迹追踪、光照技术、空间摇移效果。制作软件可根据需求独立完成三维场景中任意模型的删除、移动、旋转、缩放等操作,修改播出场景;也具备根据播控系统节目单实现硬盘播出、转播外来信号、上字幕等功能,信号兼容能力和多通道采集录制能力较强,能够对接前后端系统。远程连线互动是智能演播室的重要功能。演播室支持多种连线终端,具备低延时直播连麦、屏幕分享、实时录制等功能,适用于多种场景,如演播室和综艺节目中主持人与嘉宾现场连麦,云开工、云签约、云慰问场合下的多地异地连线,以及知识讲座中主持人与嘉宾连线等。

智能演播室具有配套的播出监控系统,用来掌握系统硬件、软件、存储、信号、流程、机房环境等方面的正常状态。在各台业务子系统基础上,监控系统将这些子系统的监控系统进行有效整合,汇总跨业务、跨系统的监控信息,建立面向全台的全景检测系统。

6.2.2.2 后期制作

后期制作既包括高清内容的生产制作,又包括在各大新媒体平台领域传播的短视频的制作与分发。

6.2.2.2.1 高清内容的生产制作

高清内容的生产制作依托于数字内容处理平台,平台支持8K、4K以及任意分辨率的视频编辑,提供内容生产的导入、剪辑、字幕、特效、调色、包装、音频、监看、输出等全流程技术支持。颜色管理系统能够自动识别不同类型的HDR/SDR素材,支持XAVC、ProRes等多种4K/8K超高清格式多层实时编辑和成片输出。除视频剪辑制作工具外,平台还拥有调色、混音和包装合成等工具,可实现数字内容的视音频一体化生产。

针对重大体育赛事、新闻宣传活动等直播信源,数字内容处理平台支持边直播边拆条、视频剪辑、新媒体稿件编辑、直播报道快速发布,同时该平台可利用人工智能工具对采访录音等进行语音转文字,辅助稿件编辑,提升新闻稿件发布速度。通过所搭建的内容制作服务平台,智能媒体实现策划、采集、编审、多终端发布一体化,实现内容集约化生产,以扁平化方式生产原创内容。

6.2.2.2.2 短视频的制作与分发

短视频制作是智能媒体资产管理系统生产和投放的重要内容,大数据平台为短视频的制作积累了相当多的可复用资源。在短视频的制作中,大数据平台可以根据已有内容自动拆解,进而产生新的作品,也可以依据库中模板自主创作短视频作品。

内容处理平台能够快速拆解节目内容,同步制作短视频进行分发,与直播、点播等新媒体业务联动,实现在线视频的一体化生产和发布。制作者可以利用模板完成短视频并回传云端,平台对该类内容支持边回传边提交审核,支持在手机端接收审核消息通知并执行视频审核。

相较于拆解已有视频内容的编辑工具,支持自主创作短视频的编辑工具更为丰富。在声音内容编辑方面,借助智慧中台及人工智能技术,短视频制作者可直接读取资源库中的智能场景、语音、人脸等识别结果,快速定位到所需的编辑镜头。在字幕编辑方面,平台提供了支持制作动态字幕的模板,可以设置图片、图形及文字、物件等对象的动态效果,使得视频更加生动多彩。在数据视频应用方面,平台提供多种模板,选择合适的模板后就可呈现对应的数据样式,输入或上传数据,就可预览其呈现的效果。模板化剪辑+版权素材的模式支持资源的共享和编辑,将生产内容推送到微博、微信、抖音、快手等新媒体渠道,如图 6.5 所示。

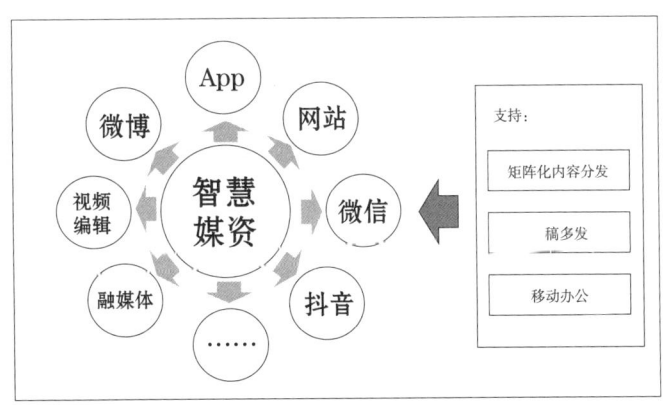

图 6.5　短视频全媒体视频分发示意图

6.2.3　数据安全管理平台

以下数据安全管理措施,可确保智能媒体组织数据的保密性、完整性和可用性,为组织的稳健发展提供有力支持。

6.2.3.1　多维度分权分域管理

多维度分权分域管理是较为复杂的权限管理,管理权限可以划分为个人域、群组域和公共域,以满足用户不同的需求。个人域满足用户对个人暂存空间的临时需求,群组域主要是满足栏目组等的小范围的资源共享,公共域就是资源开放给整个媒体机构。数据安全管理平台对每条资源都可以有一个非常精细的控制,可以为每个用户定义浏览、新建、删除、编辑、下载等权限。

6.2.3.2 资源标准 API 服务

媒体资产管理系统对外有统一的接口服务,资源入库、编目检索等都有相应的 API。这样做的优点是既可以保证资源的安全性,又可以与其他系统很好地集成,方便用户使用信息资源。

6.2.3.3 生命周期管理及分级存储

不同类型、不同管理域的媒体资产生命周期不同,媒体机构按业务特点管理资源的生命周期,完整记录资源的新建、编目、浏览、检索、下载、分发、归档、回迁、删除等行为轨迹。媒体机构根据不同资源的特点,实施在线、近线、离线分级存储管理机制,降低存储成本,提高数据安全性。

6.2.3.4 多云环境的资源管理

系统支持在多云环境下,也就是私有云和公有云联合协作的情况下进行媒体资产管理。具体步骤为,私有云上保存高码资源,低码资源被同步到公有云,方便用户实现异地共享。例如,央视有很多海外分台,央视将媒体资源库中的部分素材同步到公有云,海外记者就能够快速地使用这些素材,如图 6.6 所示。

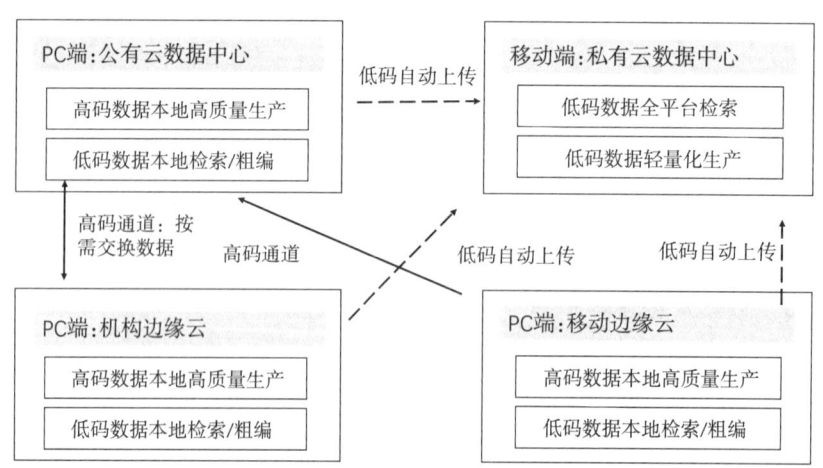

图 6.6 多云环境下的中台式资源管理

6.3 智能媒体资产管理业务流程

智能媒体资产管理包括数字化内容资产管理和数据资产管理,其中数字化内容资产的管理实践较多、相对完善,而数据资产管理方面还处于初步探索阶段。

我们通过对媒体机构的调研发现,媒体机构的用户基本信息、用户行为数据和关系数据的所有权归属、能否资产化等方面都存在争议,因此,本章对智能媒体的数据资产管理不做过多讨论,而是主要介绍智能媒体数字化内容资产管理的业务流程。

6.3.1 传统媒体资产管理存在的主要问题

6.3.1.1 存在资源孤岛

媒体机构的不同部门或团队之间存在信息孤立、资源不共享的现象。例如,新闻部门拥有大量的新闻素材和报道资源,但这些资源可能并没有被其他部门充分地利用;营销部门和广告部门也各自持有市场调研数据和客户资源,未实现数据的共享与整合,阻碍了有效的市场推广和广告投放。资源孤岛问题也存在于不同的项目团队或项目组中。媒体机构存在多个项目团队或项目组,它们负责不同的项目和任务,由于缺乏有效的沟通和协作机制,这些团队之间往往无法共享资源和经验,导致重复劳动和资源浪费等问题。

媒体机构内外部之间也存在资源孤岛问题,媒体机构内部的资源无法与外部的合作伙伴和供应商共享,媒体机构外部的资源没有实时地整合到资源库中,这些都制约了媒体机构的发展和创新能力的提升。

6.3.1.2 人工编目成本高、效率低

媒体机构拥有大量的媒体资产,包括图片、视频、音频等多种形式的媒体内容。对这些资产进行编目需要耗费大量的人力和时间。多媒体内容的编目比文本内容的编目更为复杂,对编目人员的业务水平要求比较高,编目人员需要经过相关培训才能完成编目工作。由于编目人员不是业务使用人员,媒体机构编目信息并不能完全满足业务人员的实际需求,业务人员经常无法快速准确地找到特定的媒体资产。

6.3.1.3 查找媒体资产困难

资源检索和呈现手段比较单一,媒体机构主要通过文件元数据、关键词、描述、分类、关键帧等维度满足用户对媒体资产的查找和管理。由于编目技术的限制,用户经

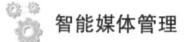

常找不到资源。

6.3.1.4 缺乏有效的资产运营模式

媒体资产库沉淀了大量高价值的历史资料,由于缺乏有效的资产运营增值模式和手段,无法实现其价值。

6.3.2 智能时代媒体资产管理的需求变化

智能媒体资产管理中用户的需求发生了以下几个方面的变化。

6.3.2.1 资源整合和管理需求更大

数字资产内容更为丰富,包括音视频、文档、图片、数字报、电子书、知识图谱等多种资源且数量迅速增长。传统的资源归档管理目标转变为对整个机构、合作单位、媒体生态的用户赋能。

6.3.2.2 跨平台和多设备支持

大数据、云计算、人工智能等技术支撑用户跨平台、跨设备使用和管理媒体资产。用户可使用计算机、手机或平板等设备,在不同场景下灵活使用和管理媒体资产。

6.3.2.3 版权保护和管理需求

媒体机构为了保护内容创作者的权益、鼓励创新和创作,确保媒体资产被合法和安全地使用,希望能够对媒体资产进行版权保护和管理,包括水印添加、权限控制等。

6.3.2.4 数据分析和生成报告需求

媒体机构希望能够对媒体资产的使用情况进行数据分析和生成报告,以便更好地了解媒体资产的价值和使用效果,并做出相应的调整和优化。

6.3.3 智能媒体资产管理的特点

在技术和用户需求的双重驱动下,智能媒体资产管理表现出以下特点。

6.3.3.1 资产内容多元化

随着新技术的发展和应用,媒体不断拓展新的内容形式,作内容呈现多元化特点。例如,近年来 VR 技术和 AR 技术为用户提供元宇宙体验,从而产生了更为丰富多元的数字内容。媒体机构需要实现对各种媒体资产的统一管理和再利用。

6.3.3.2 资产管理智能化

利用人工智能、大数据等技术,媒体机构可实现智能编目、智能标签、智能审核等自动化信息处理,从而提高工作效率,降低运营成本。

6.3.3.3 管理系统中台化

智能媒体可以建立可维护和可扩展的统一标准应用框架,为全业务赋能。例如,语音识别、人脸识别等能力中台可以为很多应用场景提供支持。

6.3.3.4 资产服务网络化和移动化

随着互联网、移动互联网和移动设备的普及,媒体机构可以基于云计算技术为各类用户提供资源服务,实现随时随地访问,支持电脑、手机、平板等多终端访问。

6.3.3.5 媒体资产可运营

媒体资产可以应用于多个场景和渠道,如媒体报道、社交媒体、广告等,拓展了智能媒体的应用领域,提高了媒体资产的价值和利用效率。

6.3.4 智能媒体资产管理业务流程的主要环节

传统的数字媒体资产管理的流程主要包括资源上载、编目、编目审核、检索、下载分发等环节。智能媒体在资产管理的各个环节充分使用了人工智能技术,业务流程不断优化。智能媒体资产管理业务流程的主要环节包括资源入库、智能编目和标签管理、智能检索与推荐、资产利用和内容监控分析,如图 6.7 所示。智能媒体资产管理系统通过为各个媒体组织提供技术与平台支持,协助其建立起流畅、统一的媒体数字资产管理流程[①]。

图 6.7 智能媒体资产管理业务流程的主要环节

---

① 宋培义.数字媒体资产管理理论与应用[N].北京:中国广播电视出版社,2013:62-63.

6.3.4.1 资源入库

媒体资产管理库汇聚了不同来源、不同类型、不同格式的资源,如来自媒体机构各业务系统(如新闻部门、融媒中心等)的文稿、节目、素材、报纸版面等;记者外拍回传的视频,App 上传的视频、图片等;入驻机构用户上传的视频、音频、图片、文档等;还有大量互联网上的素材。

资源入库时应以最适合的方式展现,对入库的资源可以进行关键内容提取和整理,形成精品素材库,方便用户浏览使用。例如,提取视频内容中的关键画面,并对画面价值进行评判,实现精品镜头的提取,建立精品镜头库。利用人工智能技术自动提取航拍空镜、重要人物或受访者的画面,并对画面进行评价与打分,方便用户通过镜头画面快速查找内容,实现素材快速准备。

6.3.4.2 智能编目和标签管理

智能编目模块融合语音识别、图像识别、人脸识别、视频分割、机器学习、深度学习等技术,实现媒体资产智能命名、自动编目、片段+场景智能切分、自动标签标注、智能关键帧著录、编目智能审核等。人工智能代替人工编目,促进了编目标准化和规范化,降低了编目成本,提升了编目效率,方便用户快速定位检索。尤其是对于音视频内容,智能编目模块可以轻松将音视频切分为片段、场景、镜头和关键帧并进行著录,也可以利用人工智能技术将视频画面和关键帧的内容提取为文字描述内容。例如,人工编目不能准确识别节目中的重要人物或敏感人物,需通过自备的人物图册对照编目,容易出现误标、漏标情况,引入的人脸识别技术就很好地解决了这个问题。

标签编目需要标签体系规范的指导,2022 年 9 月 19 日,国家广播电视总局联合行业专家、业务专家、技术专家等发布了《广播电视和网络视听节目内容标识标签规范》,未来,随着规范体系的不断完善,智能标签管理也会越来越规范。媒体机构需要构建标准化的标签库,根据业务要求定义标签的一级维度、二级维度等,让标签数据更贴合媒体机构的业务。编目人员利用人工智能技术提取标签,针对媒体业务逻辑,对机器识别结果进行数据清洗、聚合、提纯、加权等一系列治理,完成标签著录。基础标签库搭建示例如图 6.8 所示。

6.3.4.3 智能检索与推荐

利用人工智能技术和算法,智能检索系统能够提供更智能、个性化和高效的搜索服务。智能检索系统除了提供目录检索、分类检索、关键词检索、文本内容检索、标签

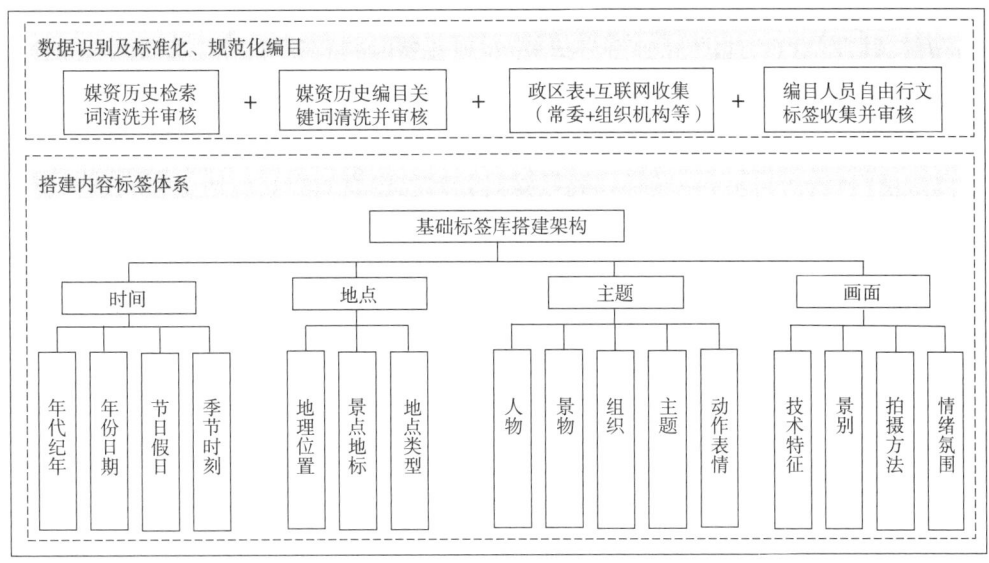

图 6.8 基础标签库搭建示例

检索等,还提供很多更为多元的、个性化的检索功能,以满足用户的相关业务需求。例如,以图检索相似内容、以人脸照片检索人物相关资源、用颜色进行资源查找、以点击地理位置方式查找资源以及对视频进行镜头检索,实现景别、角度等维度的查找等。

智能检索系统还可以根据用户的历史搜索记录、兴趣偏好等信息,为用户提供个性化的搜索结果和推荐内容。通过分析用户的行为和偏好,系统能够为用户提供更相关和有价值的资源。

6.3.4.4 资产利用

智能媒体资产管理系统构建媒体资产综合门户,提供资产的多视图呈现模式,如人物专题、事件专题、热点资源等多维度内容和统计信息,支持业务人员进行数字内容生产和审核,支持内容多渠道发布。

媒体内容资产的价值实现还需要媒体机构结合市场需求、用户反馈和创新思维来不断探索新的商业模式。例如,数字内容生产、审核与全网分发模式和其他创新运营模式等。

6.3.4.4.1 数字内容生产、审核与全网分发模式

该模式以内容处理平台为中心,辅以相关工具,完成数字内容生产、审核与发布的一体化流程,包括视频与现场制作一体化、视频与云端制作一体化、视频与后期制作一体化。平台支持多种业务场景,提供稳定、低延时、多协议支持、跨平台、全网分发的媒

体直播、点播、互动和发布服务。短视频通过人工智能辅助编辑后,可通过平台面向微博、微信、抖音、快手等渠道快速分发运营,实现数字内容的全网分发,提高内容的传播效率和影响力。

6.3.4.4.2　其他创新运营模式

媒体机构可以根据自身特点和用户需求创新媒体数字资产运营模式。例如,向政府机构、档案馆等输出高价值的资料,实现内容数据的输出变现;通过多租户运营管理为其他媒体机构或者企事业单位提供媒体资产管理服务;为区县媒体机构或者企事业单位提供人工智能能力,获取经济和社会效益。

利用资产时,如果业务人员使用无版权信息标记的素材,容易出现版权侵权、版权纠纷等问题,这一系统可提供版权管理的功能,对版权使用地域、版权时间、授权使用信息等进行著录,业务人员使用版权素材时该系统可进行风险提示,帮助业务人员避免版权纠纷。基于区块链技术进行媒体资产的版权管理具有去中心化、公开、透明、安全、不易篡改等优势,使用智能合约来自动执行和管理媒体资产版权相关的交易与授权,可减少纠纷和争议的发生。

6.3.4.5　内容监控与分析

智能媒体资产管理系统对媒体机构资产内容及相关数据进行监控、过滤、提取、统计、分析等,可以得到相关分析报告,支持管理者的决策。

系统从海量的互联网信息中提取相关舆论信息,实时监测网络动态,通过垃圾信息的过滤、语义识别、特征提取、信息分类等手段,提取有效信息,利用统计分析、行为分析、相关性分析、相似分析、情感分析、地域分析、主题分析、词云分析、媒体分布分析、传播路径分析等方法对数据进行分析,为组织管理者提供决策支持。系统提供多种监测维度,包括按关键词监测、按重点媒体监测、按热度监测、按人物监测、按事件监测等,能够产生多种监测结果,密切关注网络舆论发展,进行舆情分析和管理。

系统支持用户对抖音、快手、微博、微信等媒体内容的阅读、点赞、转发等传播情况进行自动检测和数据汇聚,对部分渠道的评论内容按需采集,并通过大数据技术对内容的全网传播路径及概况进行可视化展示。此外,系统还能够按照设定的主题自动生成日报、周报、月报、事件分析报告、舆情快讯报告、专题传播力报告等多种报告,帮助用户更好地了解媒体内容的传播情况和趋势,提高舆情监测和传播效果。

6.4 智能媒体资产管理系统

6.4.1 我国媒体资产管理系统的发展历程

随着互联网技术的发展与应用,传媒行业信息化程度不断提高,媒体资产的管理手段与管理效率逐渐成为提升媒体机构竞争力的关键要素。媒体资产管理系统的产生与应用是我国传媒行业信息化发展和数字化转型的必然需求。我国媒体资产管理系统的发展大概经历了3个阶段:人工管理阶段、数字化发展阶段与智能化发展阶段。我国媒体资产管理系统发展过程中的关键事件如图6.9所示。

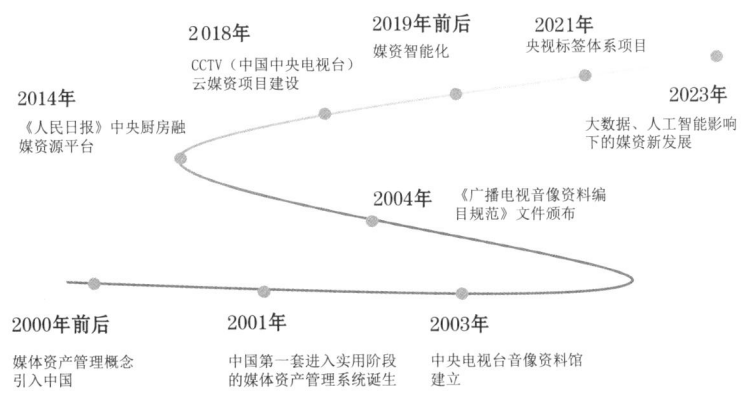

图6.9 我国媒体资产管理系统发展过程中的关键事件

注:根据调研资料整理。

6.4.1.1 人工管理阶段(2000年之前)

2000年之前,我国媒体机构的媒体资产管理主要依赖于传统的纸质档案管理和人工管理方式。例如,媒体机构将拍摄的视频素材录制在磁带上,存放在专门的库房或档案室中。为了方便管理和检索视频资源,媒体机构会对录制的视频素材进行编目和索引,包括记录视频的拍摄日期、地点、主题等信息,并将其与对应的磁带编号关联起来,以便日后查找和利用。当需要使用特定的视频素材时,工作人员需要填写相关的借还单据和登记记录,向库房或档案室申请借取对应的磁带,使用完毕后再归还。这种管理方式相对较为烦琐和耗时,存在信息检索效率低、存储空间有限、安全性差等问题。

随着数字技术的发展,一些媒体机构开始尝试将磁带上的视频资源进行数字化转化,这样可以更方便地存储、管理和检索视频素材,同时减少了磁带损坏和老化的风险。

6.4.1.2 数字化发展阶段(2000—2005年前后)

2000年前后,媒体资产管理的概念由IBM引入中国,随后短短几年间国内便出现了众多媒体资产管理系统的研发厂商,很多媒体机构也纷纷调研并引入相关的媒体资产管理系统。其中比较有代表性的是2003年9月投入测试及运营的中央电视台音像资料馆的媒体资产管理系统。随着2004年《广播电视音像资料编目规范》等一系列行业标准的发布,国内广播电视台实施媒体资产管理的目的逐渐从档案保存转变为开发利用,依托内容编目为节目制作提供资料检索调用等服务①。这一阶段,从国家级到省级媒体机构都纷纷建立了自己的媒体资产管理系统,如央视的两址三地媒体资产管理系统、新华社的媒体资产管理系统、中国电影资料馆媒体资产管理系统、江苏电视台、河南电视台、山东电视台等省级媒体机构的媒体资产管理系统等。

这一阶段的媒体资产管理系统开始逐渐实现信息化和数字化,实现媒体资产的存储、检索、管理和利用等功能。首先,对现有的大量文本、图像、视频、音频等媒体资产进行数字化处理并存储到媒体库中,方便对历史资料的保存和利用。其次,对媒体资产进行编目管理,包括创建标题、描述、关键词、作者、创建日期等元数据,根据编目信息建立索引,实现检索功能,方便用户检索和查找媒体资产,提高工作效率。再次,系统可以进行工作流管理,通过定义和管理媒体资产的工作流程,包括文件上传、审批、编辑、发布等,来提高工作效率和协作性。最后,系统的分发和发布功能可以将媒体资产导出为不同的格式与分辨率,以满足不同媒体平台和设备的使用需求。系统还可以提供数据分析和报告功能,帮助用户了解媒体资产的使用情况和效果,让用户做出更好的管理决策。

广电行业媒体资产管理的数字化实践离不开国内多家致力于提供数字媒体资产管理解决方案的IT公司的积极实践。中科大洋、捷成世纪、索贝数码、方正、联想等公司在各自的媒体资产管理系统解决方案领域持续发力。以中科大洋为例,受到报社技术软件研发工作的启发,中科大洋开发了一套专注于音视频的数字资产管理系统,该系统自2003年协助中央电视台音像资料馆支持媒体资产管理系统开始,陆续为央视、新华社以及多家省台提供了数字媒体资产管理方案。同时,中科大洋等IT公司也在实践中不断探索和完善行业规范,如由中科大洋牵头的"广播电视音像资料编目规

---

① 王毅. "用户为王"的媒资3.0:媒体内容资产知识化管理的实践与思考[J]. 视听,2016,111(7):6-7.

范""广播电视音像资料内容标签体系规范建议报告"等项目,为资源上载、编目环节提供了具有实践意义的参考。

6.4.1.3 智能化发展阶段(2005年前后至今)

媒体资产管理系统的发展和应用,促进了音视频资料数字化、节目制作文件化、办公无纸化等,媒体机构数字资源急剧增加。与此同时,移动互联网的快速发展和智能媒体的出现,使得用户生成内容、专业机构生成内容、人工智能生成内容产生的内容越来越丰富,数字化内容体量呈爆发式增长,用户相关数据也逐渐攀升至一个极为庞大的总量。因此,从整个媒体行业巨大的数据体量来看,媒体资产管理已然进入大数据时代。媒体机构也开始引入大数据和人工智能技术,通过自动化和智能化的方式实现对媒体资产的管理、分析和利用。

大数据背景下的媒体资产管理呈现出数据资产更为丰富、资产内容的个性化推荐、用户需求的引导、媒体资产管理应用智能化等一些新的特点。

6.4.1.3.1 数据资产更为丰富

传统的媒体资产管理主要关注音视频、文字等内容的存储和管理;然而,随着用户全面参与内容生产和使用的大数据时代的到来,数字内容的编目和用户数据检索、使用、再创作过程中产生了大量的无序数据。这些看似无序的数据经过大数据分析和挖掘,能够创造出比内容产品本身更高的经济价值。因此,以上具有资产化价值的数据也逐渐被纳入资产管理的范畴。

例如,通过大数据技术分析用户的资料需求单、检索关键词、检索习惯、检索体验等数据信息,媒体资产管理部门可以获得用户检索行为的偏好,进而优化节目资料编目、检索系统设计等,提升节目资料内容资产的附加值。由于智能媒体拥有更丰富的内容创作方式和更广泛的用户集体,因此组织能够获得用户的资料需求分布、用户使用资料的生命周期等信息,进而建立起比仅有基本信息更为全面的用户信息数据库、使用习惯数据库,从中不断发掘媒体资产的价值。

6.4.1.3.2 资产内容的个性化推荐

大数据的个性化推荐特征使媒体资产管理从快速供给转向了更加个性化的推荐模式。媒体收集用户注册、登录、浏览行为、搜索记录等方面的个人信息和行为数据,并对收集到的数据进行处理和分析,提取用户的兴趣标签和行为模式等信息。根据用户画像和相似用户的行为模式,媒体可以为用户推荐与其兴趣相关的内容,如相关的文章、新闻、视频等。通过个性化推荐,媒体可以更好地了解用户需求和喜好,提供更精准的广告投放和营销服务,增加广告收入和用户留存。

6.4.1.3.3 用户需求的引导

传统的媒体资产管理主要是资料服务模式,被动地满足用户需求。在大数据时代,媒体资产管理有了新的可能性。大数据时代的媒体资产管理可以利用大数据技术主动引导或创造用户需求,进而获得更大的盈利。这可以极大地提高媒体资产的利用效率,还可以拉近媒体各类数字资源同用户之间的距离。

6.4.1.3.4 媒体资产管理应用智能化

随着人工智能技术的日益成熟,其在媒体资产管理领域的应用也在不断扩大,未来将引领一个全新的智能媒体时代。媒体组织以智能化技术为基础,将人工智能核心能力与媒体资产的智能编目、智能识别、内容审核以及鉴黄鉴恐鉴暴等各种业务场景结合起来,可打造更具智慧的媒体资产管理应用[①]。目前,在媒体资产管理业务流程中人工智能技术应用于筛选查重、内容编目及标签化、资料检索以及出库等多个环节。

大数据和人工智能技术对于广电行业媒体资产的重要性与日俱增,深刻助力媒体资产管理应用的各个环节,提供更加便捷和高效的媒体资产管理应用。同时,随着媒体资产管理业务智能化的逐渐提升,创作能力也成为目前媒体资产管理环节中亟须建设和突破的领域。智能媒体与媒体资产管理平台在未来会集成大量资源创作的能力,在人工智能生成内容的协助下,通过媒体资产管理系统快速生产大量的数字产品,是未来媒体内容生产的一大方向。

6.4.2 中央广播电视总台智能媒体资产管理系统应用案例

中央广播电视总台作为我国国家级广播电视媒体机构,在数字内容生产、传播及数字资产管理方面有着丰富的实践经验,对其他媒体机构也有示范性作用。中央广播电视总台媒体资产管理系统的应用大致可以分为音像资料管理、媒资云服务和智慧媒资管理3个阶段。

6.4.2.1 音像资料管理阶段

2004年,中央电视台的音像资料馆开始运行,其利用数字化技术对节目资料进行大规模数字化加工,并通过网络实现远程异地下载,支持台内节目制播。在大规模回溯、清理库存节目版权信息的基础上,中央电视台内部推行节目资料有偿使用,并尝试开展社会化有偿服务,实现了节目资料保存、管理和再利用。

经过10多年发展,中央电视台的媒体资产管理系统从节目选题立项开始,一直到播后存储管理和内容应用开发,实现了节目制作、播出紧密耦合的全流程管理。

---

① 徐莉.基于大数据智能化的媒资管理与应用研究[J].电视技术,2021,45(4):1-3.

6.4.2.2 媒资云服务阶段

2018年,中央电视台开始实施媒资云服务平台项目。该项目是在媒体融合战略背景下,为推动传统媒体和新媒体的融合发展,实现跨媒体的内容资源管理,建立的一个基于云架构的、面向融合媒体的新型媒体资产管理系统。该系统支持融合媒体业务数据的入库、编目加工、存储管理以及下载使用,同时为新媒体发布平台提供新媒体节目推送服务。

媒资云服务平台与传统的音像资料管理系统相比,不再是一个以资料存储为主的归档数据库,而是一个具有存储、管理、加工、运营等功能,以服务化、租户化方式构建的资源平台,包括基础资料服务业务、备播业务、新媒体节目成品存管业务等,其还可以根据业务扩展,随时定义新的业务单元,如专业新闻、短视频加工业务等,该平台能灵活应对业务变化,如图6.10所示。

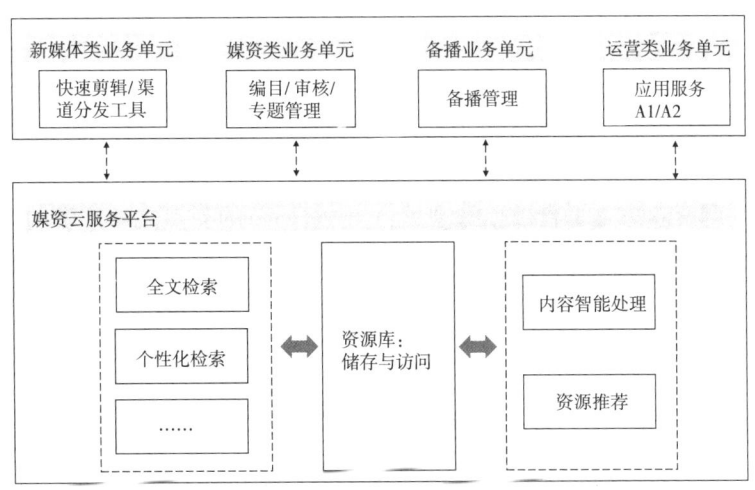

图 6.10 媒资云服务平台

6.4.2.3 智慧媒资管理阶段

中央广播电视总台依托中科大洋媒体资产管理系统,设计了自有的大数据平台,以完成数字资产的资源上载、编目、存储、检索与复用,赋能数字内容再生产。系统基于云架构,建立面向媒体融合的新型融媒体资源平台,PaaS层支撑新媒体资源的入库、存储和交换,SaaS层提供视频生产与管理所需服务,同时,通过公有云为各海外分台、记者站随时随地提供媒体资产服务。媒体资产的编目和标签管理、检索、出库等环节都实现了智能化。中央广播电视总台智能化媒体资产管理业务流程如图6.11所示。

智能媒体管理

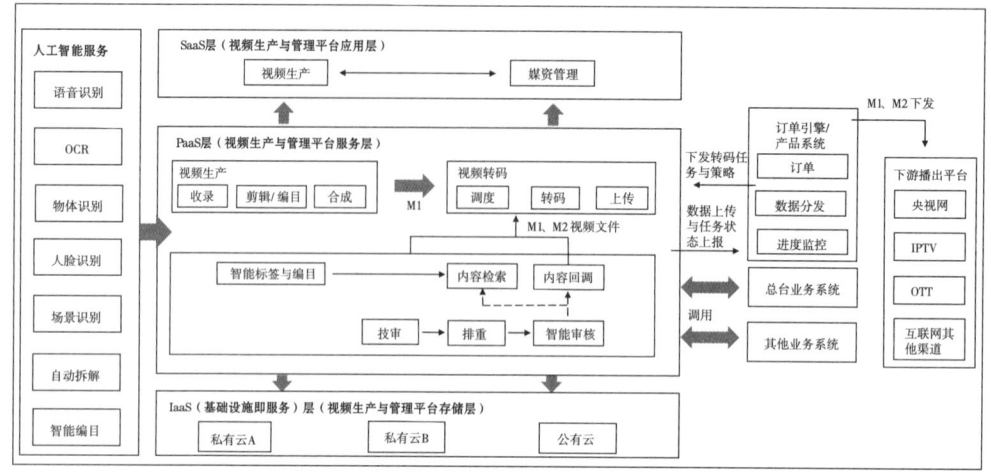

图 6.11　中央广播电视总台智能化媒体资产管理业务流程

注：根据调研资料整理。

6.4.2.3.1　智能标签与编目

编目业务是传统媒体资产智能化改造的核心业务之一。央视新址媒体资产管理系统的设计重点是建立了全台资源编目体系，并在此基础上更新了智能化快速检索环节。其中，主题资料库是平台数据管理编目、检索环节的亮点之一。资料管理人员基于大数据平台，结合近期宣传的重点、热点以及用户的专题需求，综合整理资源后形成主题式资料库，并将资料库发布在门户中供全台系统用户使用，简化搜索过程，提高精品利用率。

央视新址媒体资产管理系统注重在全高清制播环境下设计各类素材节目的入库、出库流程，并对媒体资源进行有效加工利用，服务制作系统和播出系统。

6.4.2.3.2　智能检索

总台利用人工智能技术提供了多种检索服务支持，包括图片搜索、人脸搜索、颜色检索等。经过拆解和编目的海量素材为智能检索提供了基础资源库，基于人工智能技术的多类别识别、搜索服务为智能检索提供了高精度、高实用性的检索手段。这些先进的技术和手段为总台实现智能检索提供了强有力的支持，也为用户提供了更加便捷、高效的检索体验。

6.4.2.3.3　智能出库

智能媒体资产管理系统将 PaaS 层的视频生产、转码等服务与各个需求端业务系统联动，相互配合，最终将数字资源通过网络分发至下游的各大播出平台。流程上，系统内部由订单引擎、产品系统向视频生产与管理服务平台下发转码任务和策略，PaaS

层完成后上传数据至需求端,订单引擎或产品系统完成数据分发与监控任务。其间,通过的转码能力池是一个统一管理、资源共享的转码资源池,能够按照下游平台的要求对视频进行高效快速的转码,最终完成数字资源的流通。值得一提的是,在数字资源生产环节,系统会将每一段产品添加特殊的水印,以保护数字内容的版权。水印分为明纹水印与暗纹水印,其中暗纹水印肉眼不可见,却能够通过智能技术被检测和跟踪。

近年来,中央广播电视总台致力于从传统广播电视媒体向实现国际一流原创视音频制作、发布的全媒体机构转变,从传统节目制播模式向深化内容生产供给侧结构性改革转变,从传统技术布局向"5G+4K/8K+AI"战略格局转变[①]。总台新一代媒体资产管理服务既着重于实现从编目体系向标签体系的转变,也着重于打造广播、电视、新媒体融合内容资源管理的服务链,还着重于区块链技术在健全内容版权保护体系等方面的支撑作用[②]。

6.5 本章小结

智能媒体资产概念的内涵包含媒体资产的全部内容,同时有自身演化的特色,可大体分为有形资产与无形资产两部分。

智能媒体有形资产指以具体物质产品形态存在的资产,包括实物资产和金融资产。其中实物资产为各种具有使用价值的设备、产品、厂房及所有的各类不动产等,如媒体办公大楼,智能媒体设备等。金融资产囊括该组织所拥有的货币、银行存款、股票、债券等各类金融工具和产品。本章对于无形资产的界定更侧重于将其看作一种有价值的经营性资源,能够提升资产运营的经济效益,包含智能媒体特色的数字资产。

智能媒体资产管理的重点在于数字资产的产生、使用及运营,依托大数据平台、内容处理平台、数据安全管理平台,媒体组织通过资源入库、智能编目与标签、智能检索与推荐、资产利用、内容监控与分析等环节对数据资产进行有效的积累与复用。

我国在 2000 年前后引入了媒体资产管理概念及流程,进行了丰富的智能化媒体资产管理实践。国家级、省市级纸媒、电视媒体等机构积极寻求资产数字化及各运营

---

① 慎海雄.奋力打造具有强大引领力、传播力、影响力的国际一流新型主流媒体[J/OL].求是,2022-11-16(22).http://www.qstheory.cn/dukan/qs/2022/11/16/c_1129126649.htm.
② 关乎广电5G融合新媒体建设!央视总台"十四五"技术规划要点有哪些?[EB/OL].(2021-05-08)[2023-11-10].http://www.dvbcn.com/p/122793.html.

环节的智能化管理,已经获得阶段性的成果。

媒体机构在进行智能化资产管理实践的同时,国家广播电视总局、财政部等相关部门牵头,行业代表性企业参与,推出了系列规范性文件,辅助智能媒体资产管理的规范逐步建立并完善。不断更新的内容标签体系和数据资产入表相关政策等都进一步将智能媒体资产管理引入规范化阶段。

总的来说,智能媒体资产管理是基于行业规范和相关技术,通过优化运营流程,对各类数字资产进行积累、使用与转化的过程。这个过程中,智能媒体通过持续整理和结构化数据,不断提高自身的智能化水平,形成正向循环。这种智能化的媒体资产管理不仅能够提高媒体运营效率,而且能够更好地满足用户需求,推动媒体产业持续发展。

参 考 文 献

[1] 王维平,史悦.试论对现代企业无形资产的四重分类[J].财会研究,2007(12):58-60.

[2] 刘薇.大数据时代的媒资之变[J].中国广播电视学刊,2014,274(1):78-80.

[3] CCTV构建媒资云服务平台,重新定义未来媒资[EB/OL].(2017-12-01)[2023-10-11].https://www.sohu.com/a/207940949_310732.

第 7 章 智能媒体成熟度评估

7.1 成熟度与成熟度模型理论

7.1.1 成熟度的概念

"成熟"一词指的是事物或行为发展达到完善或完美,"度"可以理解为事物所到达的程度或境界。成熟度是一个过程的阶段,指的是事物或行为正在发展的状态,即能力随着时间的推移而逐渐提高的过程。成熟度表明,想要事物发展到达完善的境地,需要从事物发展的初始阶段起,不断对事物进行优化,直到事物发展抵达目标阶段。在智能媒体建设中,成熟度指的是取得阶段性成功所具备的能力,即衡量智能媒体建设完善程度的指标。

7.1.2 成熟度模型

成熟度模型是一种用于测量、比较、改进事物的框架。这种框架专注于事物内部的契合度和完善度,是事物用来优化自身或获得所期待的事项及能力的关于过程的改进框架,即用于评估和改进的工具。成熟度模型强调事物发展完善的不断递进和持续优化,它描述了这一过程中事物所经历的普遍阶段,即事物发展由不成熟的、混乱的初始状态逐级进化到成熟的、有秩序的目标状态,事物达到阶段状态后,自然而然地由较为低的等级向较为高的等级过渡。

CMM(Capability Maturity Model,能力成熟度模型)是最经典的成熟度模型,它起源于软件领域,1991 年由卡内基梅隆大学软件工程研究院(SEI)正式提出。在 CMM 的发展初期,它可以被视为一种能够引导软件发展的机制,其目的是给软件的开发提供指导,也就是利用这种有规律的、严谨的评估和改进机制,使软件的开发过程和供应链管理能力得到最大限度的改善和优化,进而开发出更高质量的软件。从等级划分看,CMM 被划分为 5 个等级,这 5 个成熟度等级呈阶梯式,依次是初始级、可重复级、定义级、管理级和优化级,如图 7.1 所示。

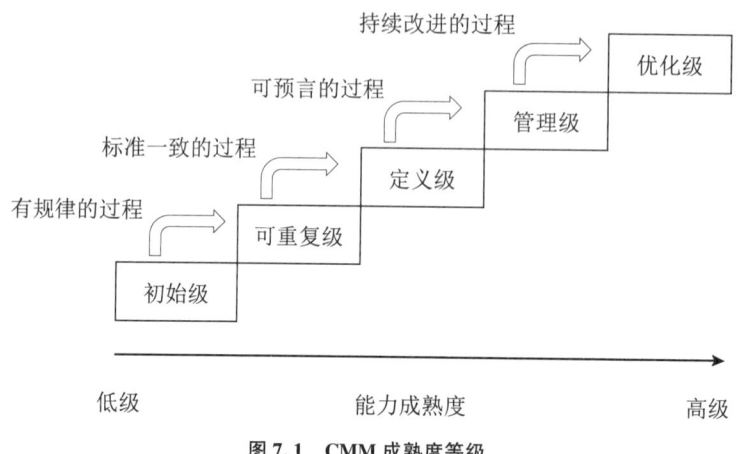

图 7.1 CMM 成熟度等级

每一级别都有相应的标准,满足标准后自然过渡到下一级别,等级划分及各等级具体特征见表 7.1。

表 7.1 CMM 成熟度等级划分及具体特征

成熟度等级名称	具体特征
初始级	过程混乱无序,在进度、预算、功能、质量方面都是不可测的,没有一个稳定的软件开发环境,在遇到问题的时候,通常选择放弃原定的计划,只集中于编程和测试
可重复级	制定了管理软件的方针和政策,实现了制度化、纪律化、可重复化的发展进程
定义级	过程实施标准化,针对软件的开发、管理、维护的过程,制定了特定的文件,将所有过程整合成一个协调统一的整体
管理级	为软件的开发、发展、结果制订量化的质量目标,并在过程中添加明确的连续度量,制定关键过程的效率和品质指标,由此,软件产品变得可预期、高质量,软件开发过程也进行了定量化
优化级	重点集中于持续对过程进行优化,积极地发现过程中的弱点和长处,以达到预防缺陷的目标,同时,分析有关过程的有效性资料、新技术的成本与效益,提出关于过程的修改建议;达到这一级别后,可自发进行优化,避免同类缺陷或问题的再次发生

从内部结构看,CMM 确立了关键过程域(Key Process Area,KPA),并将每个关键过程域分解成多个关键实践(Key Practice,KP)。其中,关键实践是实现关键过程目标

的必要工作与活动①。成熟度等级、关键过程域和关键实践共同构成了 CMM 的内部架构,如图 7.2 所示。

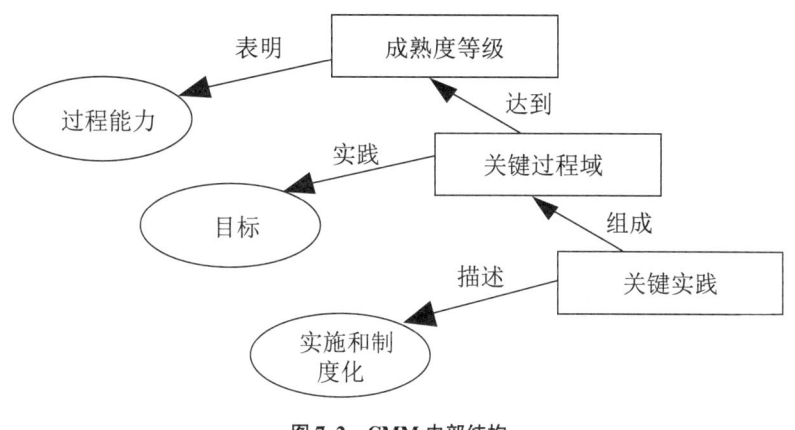

图 7.2 CMM 内部结构

7.1.3 智能媒体成熟度研究的意义

随着科技的进步和人工智能技术的迅速发展,云计算、VR 和大数据等技术不断向媒体行业渗透。以技术为纽带的新媒体变革不断促进着媒介形态、内容生产、用户体验等领域全方位的演进与变化,智能媒体逐渐发展起来。

随着信息时代的开启,人工智能技术已经成为科技进步的新趋势。2018 年 10 月 31 日,在中共中央政治局第九次集体学习上,习近平总书记发表重要讲话,强调了人工智能是新一轮科技革命和产业变革的重要驱动力量,加快发展新一代人工智能事关我国能否抓住新一轮科技革命和产业变革机遇的战略问题。使能性是人工智能的显著特点,在媒体融合的过程中,人工智能技术在媒体领域的应用越来越广泛。此外,不少科技公司开始进军媒体领域,如字节跳动等新科技公司将人工智能引入媒体领域,开发新的媒体产品。

2021 年发布的《中华人民共和国国民经济和社会发展第十四个五年规划和 2035 年远景目标纲要》明确指出,要做强新型主流媒体、实施智能广电固边工程、推动四级融媒体中心建设等,从国家战略高度为媒体深度融合指明方向。地方层面先后出台各地"十四五"规划,围绕技术、产业、人才交叉融合促进智能成果转化,加速"智能广电"体系建设,拓展媒体+政务服务商务模式,构建新视听产业与行业协同

---

① PAULK M C. A history of the capability maturity model for software[J]. Software quality professional,2001,12(1):5-16.

发展的格局。

不同机构对智能媒体建设的重视程度、建设周期等方面存在差异,使得各智能媒体的建设水平存在一定差距,且因缺乏统一的评价标准,难以衡量不同智能媒体的成熟度。由此,为推动智能媒体建设,构建一套切实可行、客观的智能媒体成熟度评估系统至关重要。

7.2 智能媒体成熟度指标体系

7.2.1 评估指标构建原则

媒体智能化评估指标的构建原则主要包括科学性原则、导向性原则、普适性原则、可操作性原则和客观性原则。

7.2.1.1 科学性原则

科学性原则是选择指标时最基本、最重要的原则,它规定了指标体系与评价目标的一致性标准。它指出选取指标应当基于科学的基础理论,所使用的指标应当具有说明性,并能够捕捉到评测对象的共同属性。在选择媒体智能化评估指标时,应结合研究方法的具体步骤和客观事实。

7.2.1.2 导向性原则

政府颁布的政策文件是研究指标选取的重要来源,这类文件对媒体的智能化提出了发展目标和发展规划。实际研究中应以总体要求和重点任务为导向。

7.2.1.3 普适性原则

所建立的指标不仅针对某一或某些特定的对象进行测评,还有望适用于所有媒体的智能化评价。因此,不仅要充分考虑指标的适用性和稳定性,还要适当考虑指标受地域经济发达程度的影响。

7.2.1.4 可操作性原则

可操作性指的是指标应该是可访问的,不能脱离实际,指标的数据具有可获取性和易获取性。从理论角度看起来能够发挥良好作用的指标实际上难以获取或获取时间长,这类指标在选取媒体智能化评估指标时应剔除掉。在筛选指标的过程中,必须考虑可操作性,要保证指标的获取简易、便于操作、简洁明了。

7.2.1.5 客观性原则

客观性是指尽可能消除和减少个人因素的影响,以客观标准为基础,尽可能确保在指标选择的每一个阶段都体现客观性,符合研究对象的本质和内涵。评价指标体系应建立在客观规律的基础上,选择能准确反映研究对象特性的指标。

7.2.2 基于扎根理论提取评价指标

关于智能媒体成熟度评估的研究较少且没有合适的理论依据,因此我们基于扎根理论(Grounded Theory)方法来获取初级的指标体系。

7.2.2.1 扎根理论

扎根理论是一种质性研究的方法,被认为是最科学、信任度最高的质性研究方法论。1967年,它首次被社会学家格拉斯和斯特劳斯共同提出,经过数十年的发展,在学界拥有很高的认可度和使用度,被广泛运用于社会学、心理学、教育学等社会科学相关领域。这套理论的使用是一个自上而下不断提出问题、比较问题、获取核心概念,寻找联系、试图发现理论、最终建构理论的过程。

"一切都是数据"是扎根理论的原则之一,它表明了扎根理论是从数据出发、以数据为基础的一套完整的理论体系。扎根理论所说的"数据",涵盖面十分广泛,在研究时,研究者可以选择单独使用一种数据,也可以选择几种数据相互组合。扎根理论的数据收集方式通常包含3种:参与式观察、深度访谈和文本搜索。

与其他演绎的研究方法有所差别,扎根理论研究方法是从经验材料中,不断地对各种概念进行对比,逐级提炼和归纳,创造出理论的方法。扎根理论最重要的分析方法是"持续比较法",即研究者在研究时,不仅可以对所涉及的事件、范畴进行同类、交叉的比较,还可以从研究外部来选择对象进行比较[①]。要注意的是,运用扎根理论研究方法时,研究者不能预先做好理论假设,必须以不受主观影响的态度,带着研究问题,悬置自我,阅读和分析收集的资料,从而形成一套完整的理论。其中,对文献的查阅和利用是重要一环,编码开始前,文献回顾可以帮助研究者更充分地了解所要研究的知识,但在编码时,还是应当保持开放的思想和信任数据的态度。在理想的情境下,扎根理论者通过编码,再结合相关文献,研究会超出扎根结果原有的范围和限制。扎根理论的主要流程如图7.3所示。

---

① 吴肃然,李名荟.扎根理论的历史与逻辑[J].社会学研究,2020,35(2):75-98.

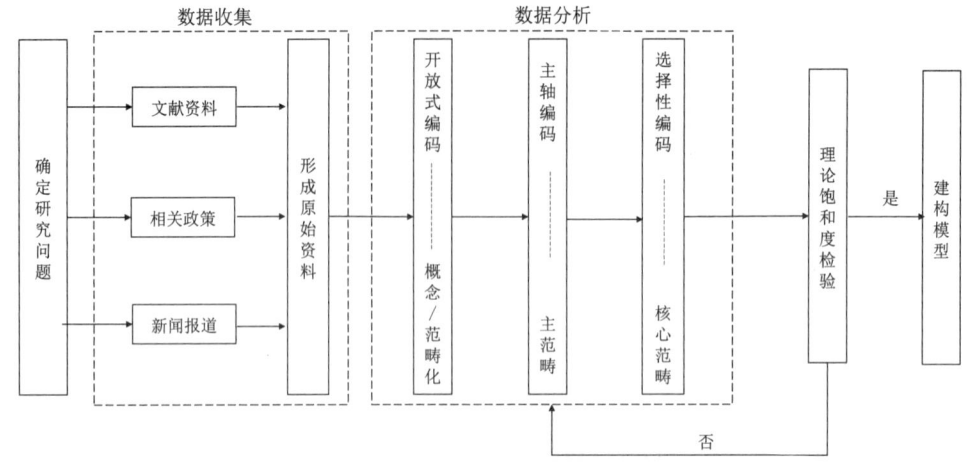

图 7.3 扎根理论的主要流程

扎根理论主要有 3 个流派:一是以格拉斯和斯特劳斯为代表的经典扎根理论,二是以斯特劳斯和科宾为代表的程序化扎根理论,三是以查美斯为代表的建构型扎根理论。虽然 3 种流派在名称和细节上存在一定差异,但它们强调的都是从数据出发,通过层层分析,提炼概念,建构理论。

7.2.2.2 基础数据收集

根据扎根理论中的一条重要原则,"一切都是数据",任何资料都可以作为开展扎根分析的数据来源。由于智能媒体是一个复杂系统,涉及多个领域,相应的研究文献等文本资料比较丰富。深度访谈的方式虽然可以获取受访者的个人经验和真实感受,但是由于智能媒体建设涉及多个领域,如果只是采访几个受访者,其结果的代表程度和普适情况可能存在一定局限,而且深度访谈需要对受访者的选择和约束进行严格控制,需要投入较大的时间和精力。相比之下,使用文本搜索可以更全面、准确地获取相关数据,并可以通过多种方式进行数据分析,更好地把握智能媒体建设的整体情况和趋势。因此,本研究使用文本搜索的方式可以更有效地获取相关数据,探究智能媒体建设的要素。另外,三角验证策略使用多种理论视角、方法、数据来源、调研者等,使问题与现象的呈现更加具有客观性和完整性[①]。为了更好地拓展研究视野,采用三角验证策略收集数据资料,借用多种数据来源开展扎根分析,可保证数据尽可能地丰富和翔实。

7.2.2.3 指标提取分析

开放性编码阶段,要求研究者尽量在完全开放的状态下,获取对资料的认识,认真

---

① 李会军,葛京,席西民. 理解商业模式:基于哲学三角验证的探讨[J]. 管理学报,2016,13(11):1587-1596.

阅读分析收集到的原始数据资料,逐字、逐句、逐行地进行拆分和理解,然后进行概念化,把资料中的概念类属抽象出来,再经过反复比较、修正、增添或删减概念,最后将概念化编码进一步范畴化。本书应用 Nvivo12 Plus(质性分析软件)对原始资料进行编码分析,尽可能地寻找与智能媒体建设有关的、具有实际含义的词句,尽量不遗漏任何有价值的信息。经过对大量、繁杂的原始资料进行多次对比和分析,最后我们归纳出 207 个概念类属和 37 个独立范畴。受篇幅限制,我们列举部分编码片段作为开放性编码的例子展示,如表 7.2 所示。

表 7.2 开放性编码(示例)

原始资料	概念类属	独立范畴
……进一步加快广播电视媒体与新兴媒体融合发展,推动广播电视制播、传输、服务一体化,加强台网联动和统筹协调,着力打造融媒化制作、智能化传播、精准化服务的广播电视智能融媒体……	智能媒体云平台	云平台资源整合共享
……主动适应新技术条件下媒体服务泛在化、移动化、交互化、个性化的潮流趋势,贴近受众需求、提升受众体验,把资源、技术、力量向移动端倾斜,补齐广播电视移动短板,把握移动机遇,服务移动受众……	落实移动优先策略移动端服务用户	移动客户端建设情况
……推动高清电视节目内容成为广播电视主流模式,引入标清电视节目逐步退出机制,加快 4K 超高清节目内容拍摄、制作、交易与版权保护等全链条技术体系和生态体系建设,探索 8K 超高清节目内容生产……	4K 节目全链条建设探索 8K 节目生产	4K 节目制作能力 8K 节目制作能力
……推动广播电视制播从基于串行数字接口的技术架构向 IP 架构的融合演进,着力提高 IP 化制播体系的可靠性、稳定性、兼容性……	向 IP 化技术架构演进	IP 化信息传输技术应用
……充分发挥和利用广播电视的行业优势,整休力量和层级特征,加强对县级融媒体中心建设的统筹规划和标准支撑,推动媒体融合向县域基层延伸……	融媒体中心建设	融媒体部门设置

在表 7.2 的基础上,得出开放式编码结果,见表 7.3。

表 7.3 开放性编码结果(示例)

概念化类属	独立范畴
4K 节目内容制作、4K 节目全链条建设、4K 制作系统、4K 技术体系建设	4K 技术制作节目能力
探索 8K 节目生产、8K 节目全链条建设、8K 编码器、8K 制播解决方案	8K 技术制作节目能力
VR 技术创新节目形态、VR 增强用户体验、VR 技术制作作品、AR 增强用户体验、AR 技术创新内容生产、培育 AR 视听产品、MR 技术创新节目形态、发展沉浸式环绕声广播、制作沉浸式环绕内容、三维全景声技术应用、虚拟技术包装节目	虚拟技术制作节目能力

续表

概念化类属	独立范畴
大数据技术创新内容生产、云计算技术创新内容生产、智能剪辑方案、AI 改造生产流程、智能编辑系统、AI 生成媒体内容、AI 修复经典剧目	智能制作技术应用
AI 技术集成素材、AI 技术采集信息、AI 技术智能抓取、3D 扫描采集数据、大数据技术汇聚信息、物联网应用自动化采集、移动采集设备、智能汇聚工具	智能采集技术应用
AI 技术智能选题、AI 创新节目形态、大数据技术确定选题	智能策划技术应用
AI 技术管理媒资、智能云媒资库、媒体资源数据库、媒体内容资源池、资源管理系统、一体化媒资系统、虚拟资产管理	媒体资产库建设情况
5G 技术部署、5G 传输优势、5G 业务平台建设、"5G+"使用场景、5G 特色产品实践	5G 技术应用
支持 IPv6 访问、IPv6 规模化部署、IPv6 改造试点、IPv6 建设项目	IPv6 技术应用

7.2.3 基于扎根理论的评价指标体系构建

在构建智能媒体成熟度评价指标体系时,首要任务是整合归纳所有的影响因素。运用扎根理论编码时,需要经过开放式编码、主轴编码和选择性编码 3 个阶段,这一理论框架正好对应指标体系的指标层、准则层和目标层 3 个层次。作为一种理解社会互动、社会过程、社会变化的研究方法,扎根理论不仅满足了资料收集的需求,还实现了理论建构的目标。

通过扎根理论我们可以提取出来评价指标体系的一级指标和二级指标,一级指标与扎根结果的主范畴一致,二级指标与副范畴一致。选取指标体系中三级指标时,首先对独立范畴的表述进行规整,将表述形式整合为内涵不变的指标性表述,以便于实际测评;然后,在科学性原则、导向性原则、普适性原则、可操作性原则和客观性原则的指导下,针对实际情况对指标进行筛选剔除,最终构建的智能媒体成熟度评价指标体系,见表 7.4。

表 7.4 智能媒体成熟度的评价指标

	一级指标	二级指标	三级指标
U 智能媒体成熟度评估	U_1 智能技术水平	U_{11} 内容生产技术水平	U_{111} VR/AR 技术制作节目占比
			U_{112} 4K 技术制作节目占比
			U_{113} 8K 技术制作节目占比
			U_{114} 智能剪辑技术覆盖业务占比
			U_{115} 智能采集技术覆盖业务占比
			U_{116} 智能策划技术覆盖业务占比

续表

一级指标	二级指标	三级指标	
U 智能媒体成熟度评估	U_1 智能技术水平	U_{12} 制播技术水平	U_{121} IP化技术信息传输覆盖业务占比
		U_{13} 传播技术水平	U_{131} 虚拟主播覆盖业务占比
			U_{132} 个性化推荐覆盖业务占比
		U_{14} 安全与检测技术水平	U_{141} 智能化风险预警完备度
			U_{142} 智能内容监管覆盖率
		U_{15} 支撑技术水平	U_{151} 媒体资产库存储量
			U_{152} 媒体资产库重复使用百分比
			U_{153} 5G技术覆盖业务占比
			U_{154} IPv6技术覆盖业务占比
			U_{155} 云计算覆盖业务占比
			U_{156} 物联网覆盖业务环节占比
		U_{16} 用户服务智能技术水平	U_{161} 智能产品用户端下载量
	U_2 智能业务能力	U_{21} 内容生产能力	U_{211} 内容制作效率提升百分比
			U_{212} 内容制作数量增长百分比
		U_{22} 传播能力	U_{221} 4K节目到达率
			U_{222} 8K节目到达率
		U_{23} 生态建设能力	U_{231} 智能媒体领域战略合作企业数
			U_{232} 智能媒体领域合作项目数
	U_3 智能组织水平	U_{31} 大数据中心建设水平	U_{311} 数据决策支持覆盖业务环节占比
		U_{32} 制播云平台建设水平	U_{321} 云平台数据外部共享占比
		U_{33} 智能管理部门设置	U_{331} 是否设置新媒体职能部门
			U_{332} 是否设置融媒体职能部门
			U_{333} 是否设置智能化职能部门
	U_4 智能协同能力	U_{41} 智能技术水平与业务能力协同性	U_{411} 智能技术水平与业务能力匹配度

7.2.3.1 智能技术水平维度

智能技术水平主要评估智能化信息技术在智能广电各业务环节的渗透程度和覆盖范围,包括内容生产技术水平、制播技术水平、传播技术水平、安全与检测技术水平、支撑技术水平和用户服务智能技术水平。

内容生产技术水平指智能化信息技术在智能媒体内容生产方面的应用情况。内容形态和内容供给是智能媒体利用智能化信息技术创新的主要方面,评价指标选取VR/AR技术制作节目占比、4K技术制作节目占比、8K技术制作节目占比来衡量智能媒体内容形态建设及内容供给的能力。智能化信息技术改变了广播电视原有的内容生产方式,选取智能剪辑技术覆盖业务占比、智能采集技术覆盖业务占比、智能策划技术覆盖业务占比来衡量智能媒体利用智能化信息技术生产内容的能力。

制播技术水平指智能化信息技术在智能媒体制播体系方面的应用情况。广播电视各业务板块通过标准接口与总线连接,实现业务板块之间的互联互通,使得生产系统能够 24 小时不间断地进行内容生产[①],对比传统信号复用系统,IP 化信号传输系统更加灵活、安全且管控能力更加智能化。我们选取 IP 化技术信息传输覆盖业务占比来衡量智能媒体制播能力。

传播技术水平指智能化信息技术在智能媒体传播体系方面的应用情况。虚拟主播是人工智能技术和媒体融合的产物之一,旨在向用户有效传播信息。此外,基于大数据的用户收视行为深度分析为用户提供个性化推荐也能够实现有效传播。虚拟主播覆盖业务占比、个性化推荐覆盖业务占比可用于衡量智能媒体利用智能化信息技术开展传播工作的能力。

安全与检测技术水平指智能化信息技术在智能媒体安全管理方面的应用情况。其主要体现在风险预警与内容监管方面,智能化风险预警完备度和智能内容监管覆盖率两个指标可用于衡量智能媒体利用智能化信息技术评价各种风险状态偏离预警线强弱程度,以及利用智能化信息技术监管节目内容的能力。

支撑技术水平指智能媒体基础设施建设方面的建设情况。智能化时代媒体资产不再以磁带等传统形式存储,而是建立媒体资产库,达到存储媒资数据的目的,如中央电视台的音像资料馆。所以,媒体资产库存储量,即智能媒体机构所有媒体资产数据中上传云端媒体资产库的数据的占比,以 TB(太字节)为单位,能够体现智能媒体资产库的建设能力。此外,媒体资产库反复多次调用某一数据,说明该机构云端媒体资产库使用率高。5G、IPv6(互联网协议第六版)、云计算等新一代信息技术在广播电视网络中的部署和应用体现了智能广电机构与新一代信息技术的融合情况,工作人员在工作过程中对智能设备的使用情况,如利用智能采集眼镜进行信息数据的采集等,体现了物联网技术与智能媒体的融合情况。媒体资产库存储量、媒体资产库重复使用百分比、5G 技术覆盖业务占比、IPv6 技术覆盖业务占比、云计算覆盖业务占比、物联网覆盖业务环节占比可用于衡量智能媒体机构的基础设施建设能力。

用户服务智能技术水平指智能媒体利用智能化信息技术为用户提供服务的水平。智能传播时代,用户主体性地位十分重要,正在逐渐"引领需求"。智能交互应用(如

---

① 付晓乐,瞿向雷,任科.全台网关键业务流程短信预警平台的实现[J].电视技术,2013,37(22):69-71,75.

芒果TV机器人)、智能产品(如智能广电App)是智能技术推进用户服务配置的重要体现,这些应用涵盖于智能产品内,用户对智能产品的下载量反映了智能媒体在用户服务方面的建设能力。

7.2.3.2 智能业务能力维度

智能业务能力主要指智能媒体在智能化信息技术应用基础上所形成的应对能力,包括内容生产能力、传播能力和生态建设能力。

内容生产能力指智能化信息技术对智能媒体内容制作的影响。智能化信息技术是广电行业供给侧改革的创新引擎,能够增强广电内容生产能力。所以内容制作效率提升百分比、内容制作数量增长百分比两个指标常用于衡量智能媒体在内容生产方面的能力情况。

传播能力指智能化信息技术对智能媒体传播效率的影响。接受4K、8K高清技术的节目所传达的信息的人群对所有传播对象的百分比能够体现高清节目有效传播的能力。本部分选取4K节目到达率、8K节目到达率来衡量智能媒体的传播能力。

生态建设能力指智能媒体领域合作情况。智能媒体领域企业在技术、平台、服务、产品等方面开展战略合作,借助社会力量强化智能技术的创新与应用,与社会各领域合作的落脚点在智能媒体上。本部分选取智能媒体领域战略合作企业数、智能媒体领域合作项目数衡量智能媒体机构生态建设能力。

7.2.3.3 智能组织水平维度

组织水平主要指为智能媒体建设设立的组织的状况,从大数据中心、制播云平台、智能管理部门3个维度考虑。

大数据中心建设水平指智能媒体大数据中心的建设情况。智能化信息技术赋能广播电视"策采编发"各业务环节,通过强大的数据采集、统计监测、决策分析能力,不断提升各环节决策能力的科学性、精准性和有效性。本部分选取数据决策支持覆盖业务环节占比来衡量智能媒体大数据中心的建设水平。

制播云平台建设水平指智能媒体与外部机构共享本机构云平台数据的程度。外部组织与智能媒体进行业务对接,直接通过云平台进行数据调用体现了智能媒体制播云平台的建设水平。云平台数据外部共享占比可用于衡量智能媒体制播云平台的建设水平。

智能管理部门设置指智能媒体相关管理部门的设置情况。不同的管理部门为智能媒体系统内部运作提供了保障,随着信息技术在广播电视系统的渗透,相应的职能部门会顺势发生相应改变。智能媒体机构是否设置新媒体职能部门、融媒体智能部门和智能化职能部门能够体现机构的智能化水平。是否设置新媒体职能部门、是否设置融媒体职能部门、是否设置智能化职能部门可用于衡量智能媒体机构的智能管理部门的设置情况,其中 0 代表没有设置,1 代表有设置。

7.2.3.4 智能协同能力维度

智能技术水平与业务能力协同性指智能化信息技术在智能媒体不同业务环节的适用情况。智能技术水平与业务能力匹配可用于衡量智能技术水平与业务能力协同性。"协同性"是智能媒体的发展理念之一,"协同"即"协调合作",评估技术与媒体各业务间的适配能力。协同能力主要指各业务环节技术水平的匹配、业务能力的适应、广电业务与相关业务的对接状况等。

7.3 智能媒体成熟度评估模型

7.3.1 建立总体评估模型

构建的智能媒体成熟度评价模型如式 7-1:

$$S=f(T_i,O_i,B_i,C_i)=\alpha \cdot S_1+\beta \cdot S_2+\gamma \cdot S_3+\delta \cdot S_4 \qquad (式7-1)$$

其中,S 为智能媒体成熟度得分;T_i、O_i、B_i、C_i 分别对应智能媒体成熟度评价维度:智能技术水平、智能业务能力、智能组织水平、智能协同能力;S_1、S_2、S_3、S_4 分别为智能媒体成熟度各评价维度的成熟度得分;α、β、γ、δ 分别为智能媒体成熟度各评价维度指数的指标权重。

7.3.2 建立各维度评估模型

智能媒体成熟度各评价维度评估模型如下。

智能技术能力 S_1 计算公式如式 7-2 所示:

$$S_1 = \sum_{i=1}^{m} a_i \cdot \sum_{j=1}^{n} t_{ij} \cdot f(T_{ij}) \qquad (式7-2)$$

其中,a_i 为智能技术水平维度的关键过程域中所包含的指标权重;t_{ij} 为关键实践指标权重;$f(T_{ij})$ 为具体指标值。

智能组织水平 S_2 计算公式如式 7-3 所示:

$$S_2 = \sum_{i=1}^{m} d_i \cdot \sum_{j=1}^{n} o_{ij} \cdot f(O_{ij}) \qquad (式7-3)$$

其中,d_i 为智能业务能力维度的关键过程域中所包含的指标权重;o_{ij} 为关键实践指标权重;$f(O_{ij})$ 为具体指标值。

智能业务能力 S_3 计算公式如式 7-4 所示：

$$S_3 = \sum_{i=1}^{m} e_i \cdot \sum_{j=1}^{n} b_{ij} \cdot f(B_{ij}) \tag{式 7-4}$$

其中，e_i 为智能组织水平维度的关键过程域中所包含的指标权重；b_{ij} 为关键实践指标权重；$f(B_{ij})$ 为具体指标值。

智能协同水平 S_4 计算公式如式 7-5 所示：

$$S_4 = \sum_{i=1}^{m} g_i \cdot \sum_{j=1}^{n} c_{ij} \cdot f(C_{ij}) \tag{式 7-5}$$

其中，g_i 为智能协同能力维度的关键过程域中所包含的指标权重；c_{ij} 为关键实践指标权重；$f(C_{ij})$ 为具体指标值。

根据智能媒体成熟度评价模型，计算智能媒体成熟度得分，将最终得分与智能媒体成熟度评分标准进行对照，可得到智能媒体成熟度等级。

7.4 智能媒体成熟度评估案例——智能广电建设成熟度评估

7.4.1 智能广电建设成熟度模型构建思路

智能广电建设具有周期长、建设难度大、涉及范围广等特点。目前，国内外关于成熟度模型的研究较多，但没有能够直接适用于智能广电建设的成熟度评价模型。为了科学准确地评估智能广电建设成熟度，有必要构建一个新的成熟度评价模型。以下是模型构建的步骤。

7.4.1.1 理解成熟度模型

在深入研读大量相关文献的基础上，我们可以对成熟度模型的含义、结构以及应用进行全面而深入的理解。通过理解，我们可以更准确地把握成熟度模型在智能广电建设中的应用价值，为构建智能广电建设成熟度模型奠定基础。

7.4.1.2 确定成熟度模型的维度及等级

不同维度的成熟度模型，其复杂程度及应用范围不尽相同，一般来说，复杂程度与维度呈正相关，但在不同维度的模型之中，并没有好坏之分，只有适用范围的不同。根据智能广电的特征及成熟度等级划分的原则，我们对成熟度等级进行划分，并分析其特征。以能力成熟度模型为基础，我们在参考智能领域和媒体领域相关成熟度内涵的基础上，界定智能广电建设成熟度模型的等级和特征。

7.4.1.3 确定关键过程域与关键实践

我们确定成熟度模型的关键过程域，将关键过程域分解为若干个关键实践，并与上面所构建的指标体系确立对应关系。

7.4.1.4 构建成熟度矩阵

根据已确定的成熟度等级、评价指标、成熟度要求,我们构建成熟度矩阵,以详细展示评价模型架构与评价指标体系的关系。

7.4.2 智能广电建设成熟度模型等级划分

以能力成熟度模型为基础,在参考智能领域和媒体领域相关成熟度内涵的基础上,我们可以将智能广电建设成熟度模型大致划分为以下5个等级:

第一级,智能萌芽级。智能广电建设的最低程度。智能广电发展处于模糊的初期,智能广电的概念、核心技术和建设内容均不明晰,没有制订明确的建设目标和规划方案;智能广电建设处于自发状态,智能类信息技术作为一种尝试性技术,应用于个别业务环节,发挥作用甚微,对业务能力的影响不明显。

第二级,智能规范级。智能广电概念逐步得到领导层重视,其概念、核心技术和建设内容逐渐明晰,领导层制订了智能广电的建设目标和方案规划,但没有进行系统的实践应用;智能类信息技术应用于核心业务环节,应用之间处于相互孤立的状态,已经取得一定成效,少量产品开始出现;内容生产能力和传播效率有所提升;一些局部领域能够基于大数据支持进行决策,但决策能力的精准性和有效性存在局限;智能类信息技术与智能广电核心业务开始融合。

第三级,智能集成级。智能广电的概念、核心技术和建设内容明确,建设目标和方案规划开始全面推进;智能广电建设处于自觉状态,智能类信息技术在主要业务领域得到规模化应用,各智能型应用之间实现了互联互通,所有应用系统实现了平台化集成,基于智能技术应用的大量产品涌现;内容生产能力大幅增强,各类节目内容和信息得到有效传播,与其他行业逐步展开合作;大数据支持决策的准确性和有效性增强;少数业务环节能够与外部组织对接,进行数据共享;智能类信息技术与智能广电各项业务不断融合。

第四级,智能适应级。智能广电建设目标和方案规划得到全面推进,并允许进行局部调整;智能类信息技术应用于所有业务领域,在安全检测和智能推荐等领域的准确水平得到保证,基础设施建设完善;与社会各领域展开深入合作,联合开发各类应用程序,拓展智能广电应用场景,开始构建以智能广电为核心的生态体系;大数据支持决策的准确性和有效性得到保证,人机协作紧密;多数业务环节能够与外部组织通过云平台进行数据共享;开始优化和调整组织架构;智能类信息技术与智能广电各项业务实现深度融合。

第五级,智能优化级。智能广电建设目标和方案规划能够根据环境变化进行动态调整,智能类信息技术广泛应用于所有业务领域,并且能够对业务状态进行预测,把控关键技术走势,自动优化和改进智能应用系统;以智能广电为核心的生态体系形成,能够实现用户实际生活中对智能化的需求,承载各智能领域的业务服务,推动社会智能化进程;基于大数据分析能够自动优化和改进各项服务,充分利用数据支持决策;全部业务环节能够与外部组织直接通过云平台进行数据共享和灵活调度;组织架构全面优化,智能广电发展束缚被打破;智能类信息技术与智能广电融为一体,相辅相成、协同并进,形成良性循环。

智能广电建设成熟度模型等级描述及评分标准见表 7.5,智能广电建设成熟度模型(Maturity Model of Smart Broadcasting and Television Construction,SBTCMM)等级如图 7.4 所示。

表 7.5 智能广电建设成熟度模型等级描述及评分标准

评分标准	能力等级	等级名称	等级描述
[0,20)	SBTCMM(1)	智能萌芽级	概念、核心技术和建设内容模糊,自发使用智能化技术
[20,40)	SBTCMM(2)	智能规范级	概念、核心技术和建设内容逐渐明晰,缺乏系统实践;智能化应用间相互孤立;智能化技术对业务能力的积极影响显现;决策开始寻求数据支持;技术与业务开始融合
[40,65)	SBTCMM(3)	智能集成级	概念、核心技术和建设内容明确,方案全面推进;智能化技术规模化应用,应用之间实现了互联互通,应用系统平台化、集成化;智能化技术对业务能力的积极作用明显,智能广电开始与其他行业展开合作;大数据支持决策的准确性和有效性增强;少数业务环节能够与外部组织对接,进行数据共享;智能类信息技术与智能广电各项业务不断融合
[65,85)	SBTCMM(4)	智能适应级	建设目标和方案规划得到全面推进,并允许进行局部调整;智能类信息技术应用于所有业务领域且准确水平得到保证,基础设施建设完善;与社会各领域深入合作,联合开发各类应用程序,拓展智能广电应用场景,开始构建以智能广电为核心的生态体系;大数据支持决策的准确性和有效性得到保证,人机协作紧密;多数业务环节能够与外部组织通过云平台进行数据共享;开始优化和调整组织架构;智能类信息技术与智能广电各项业务实现深度融合
[85,100]	SBTCMM(5)	智能优化级	建设目标和方案规划能够根据环境变化进行动态调整;智能类信息技术广泛应用于所有业务领域且能预测业务状态,把控关键技术走势,自动优化和改进智能应用系统;以智能广电为核心的生态体系形成,承载各智能领域的业务服务,推动社会智能化进程;基于大数据分析能够自动优化和改进各项服务,充分利用数据支持决策;全部业务环节实现与外部组织直接通过云平台进行数据共享和灵活调度;组织架构全面优化,智能广电发展束缚被打破;智能类信息技术与智能广电融为一体,相辅相成、协同并进,形成良性循环

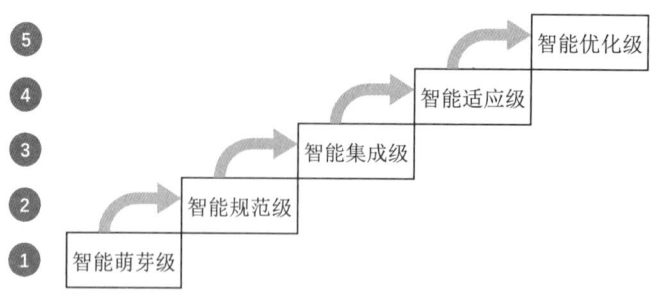

图 7.4 智能广电建设成熟度模型等级

7.4.3 智能广电建设成熟度模型内部结构

智能广电建设成熟度评价过程是复杂、持续、动态进化的,在体系更为健全及技术更为先进的情况下,评价将推动智能广电建设更好地发展。关键过程域的确定以过往成熟度模型的经验为基础,结合智能广电的特点,以 SBTCM 模型为工具,主要涉及以下 4 个关键过程(一级指标):智能技术水平(U_1)、智能业务能力(U_2)、智能组织水平(U_3)和智能协同能力(U_4)。其分别涵盖以下关键过程域(二级指标)。

U_1 = {内容生产技术水平,制播技术水平,传播技术水平,安全与检测技术水平,支撑技术水平,用户服务智能技术水平}

U_2 = {内容生产能力,传播能力,生态建设能力}

U_3 = {大数据中心建设水平,制播云平台建设水平,智能管理部门设置}

U_4 = {智能技术水平与业务能力协同性}

其相应关键过程实践由具体的细分量化指标(三级指标)组成,智能广电建设成熟度模型内部结构图如图 7.5 所示。

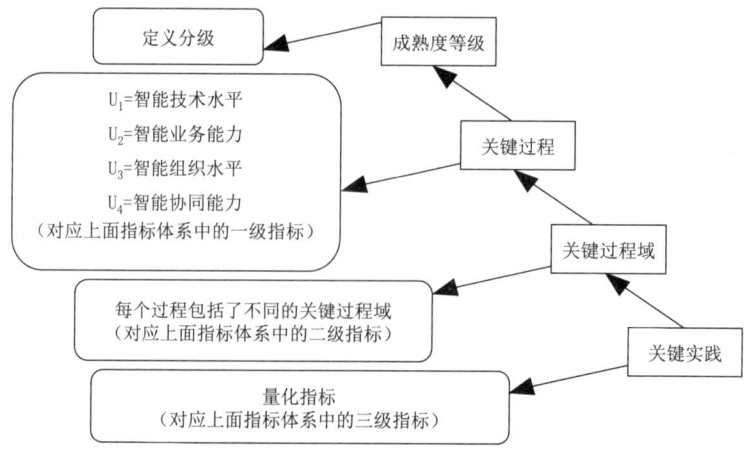

图 7.5 智能广电建设成熟度模型内部结构

7.4.4 智能广电建设成熟度评价矩阵

智能广电建设具体维度的建设水平能够反映智能广电建设的成熟程度,因此,综合前面的成熟度等级划分和内部结构,可以构建智能广电建设成熟度的评估矩阵,见表 7.6。

表 7.6 智能广电建设成熟度评估矩阵

成熟度等级	智能技术水平 包括内容生产技术水平、制播技术水平等 6 个维度	智能业务能力 包括内容生产能力、传播能力等 3 个维度	智能组织水平 包括大数据中心建设水平、制播云平台建设水平等 3 个维度	智能协同能力 包括智能技术水平与业务能力协同性
智能萌芽级	智能类信息技术作为一种尝试性技术应用于个别业务环节,发挥作用甚微	对业务能力的影响不明显	无	智能类信息技术在个别业务环节使用
智能规范级	智能类信息技术应用于核心业务环节,应用之间处于相互孤立的状态,但取得一定成效,少量产品开始出现	内容生产能力和传播效率有所提升	一些局部领域能够基于大数据支持进行决策,但决策能力的精准性和有效性存在局限	智能类信息技术与智能广电核心业务开展融合
智能集成级	智能类信息技术在主要业务领域得到规模化应用,各智能型应用之间实现了互联互通,所有应用系统实现了平台化集成,基于智能技术应用的大量产品涌现	内容生产能力大幅增强,各类节目内容和信息得到有效传播,与其他行业逐步展开合作	大数据支持决策的准确性和有效性增强;少数业务环节能够与外部组织对接,进行数据共享	智能类信息技术与智能广电各项业务不断融合
智能适应级	智能类信息技术应用于所有业务领域,在安全检测和智能推荐等领域的准确水平得到保证,基础设施建设完善	与社会各领域展开深入合作,联合开发各类应用程序,拓展智能广电应用场景,开始构建以智能广电为核心的生态体系	大数据支持决策的准确性和有效性得到保证,人机协作紧密;多数业务环节能够与外部组织通过云平台进行数据共享;开始优化和调整组织架构	智能类信息技术与智能广电各项业务实现深度融合
智能优化级	智能类信息技术广泛应用于所有业务领域,并且能够对业务状态进行预测,自动优化和改进智能应用系统	以智能广电为核心的生态体系形成,能够实现用户实际生活中对智能化的需求,承载各智能领域的业务服务,推动社会智能化进程	基于大数据分析能够自动优化和改进各项服务,充分利用数据支持决策;全部业务环节能够与外部组织直接通过云平台进行数据共享和灵活调度;组织架构全面优化,智能广电发展束缚被打破	智能类信息技术与智能广电融为一体,相辅相成、协同并进

智能广电建设成熟度评估矩阵为量化智能广电建设水平提供了关键性工具。成熟度评估矩阵将智能广电建设的内部结构和细分维度作为横轴,将阶梯化的成熟度等级作为纵轴,横纵交叉的表格位置则明确了不同维度、不同成熟度等级的实践和能力要求。智能广电机构可以根据自己的实际建设水平在矩阵中找到对应的内容,从而确定其成熟度等级,进而获得智能广电建设成熟度的整体状况。

7.4.5 智能广电建设成熟度评价应用

为了全面了解我国智能广电建设的整体情况,我们选择了不同区域、不同级别的24家机构展开调查,对智能广电建设情况进行成熟度评价。

7.4.5.1 基础情况数据调查

我们依据上述指标体系设计智能广电建设水平调查问卷,发放给各机构负责人,收集相关数据。其中,采集"智能客户端下载量"数据时,对安卓系统和苹果系统的下载量分别进行采集。通过安卓系统下载的数据来自酷传网(国内最大的 App 发布与监控平台),通过苹果系统下载的数据由我们经 App Store(手机软件商店)查找整理得到。

7.4.5.2 指标权重确定

首先,选择合适的专家。选择专家时主要考虑两个因素:第一,专家是否清晰了解当前智能广电建设情况;第二,专家对于智能化评估是否有一定的了解。本案例选择媒体业界人士、高校及科研机构的研究人员等19位专家发放问卷,邀请其对指标打分。其次,将收集到的问卷数据进行清洗,并将数据输入 Yaahp(元决策软件)。我们通过 Yaahp 建构判断矩阵并进行一致性检验,有12份问卷通过了一致性检验。最后,我们使用 Yaahp 的群决策板块得出最终权重。为忽略相关数据所携带的信息,我们采用 Yaahp 专家结果算术加权集结方式,即先计算各专家评议的指标权重,再进行加权计算最终得到各指标权重。智能广电建设成熟度评价体系权重见表7.7。

7.4.5.3 确定成熟度等级

我们根据智能媒体成熟度评估模型求得智能广电建设成熟度得分并划分其成熟度等级,见表7.8。鉴于各媒体组织机构的保密要求,机构名称不予公开,以字母表示。

表 7.7 智能广电建设成熟度评价体系权重表

一级指标 (关键过程 F 域)	相对权重	二级指标 (关键过程)	相对权重	三级指标(关键实践)	相对权重
U 智能广电建设成熟度 → U_1 智能技术水平	0.2447	U_{11} 内容生产技术水平	0.0295	U_{111} VR/AR 技术制作节目占比	0.00492
				U_{112} 4K 技术制作节目占比	0.00492
				U_{113} 8K 技术制作节目占比	0.00492
				U_{114} 智能剪辑技术覆盖业务占比	0.00492
				U_{115} 智能采集技术覆盖业务占比	0.00492
				U_{116} 智能策划技术覆盖业务占比	0.00492
		U_{12} 制播技术水平	0.0438	U_{121} IP 化技术信息传输覆盖业务占比	0.0438
		U_{13} 传播技术水平	0.0469	U_{131} 虚拟主播覆盖业务占比	0.02345
				U_{132} 个性化推荐覆盖业务占比	0.02345
		U_{14} 安全与检测技术水平	0.0254	U_{141} 智能化风险预警完备度	0.0127
				U_{142} 智能内容监管覆盖率	0.0127
		U_{15} 支撑技术水平	0.0534	U_{151} 媒体资产库存储量	0.0089
				U_{152} 媒体资产库重复使用百分比	0.0089
				U_{153} 5G 技术覆盖业务占比	0.0089
				U_{154} IPv6 技术覆盖业务占比	0.0089
				U_{155} 云计算覆盖业务占比	0.0089
				U_{156} 物联网覆盖业务环节占比	0.0089
		U_{16} 用户服务智能技术水平	0.0458	U_{161} 智能产品用户端下载量	0.0458
U_2 智能业务能力	0.1833	U_{21} 内容生产能力	0.0411	U_{211} 内容制作效率提升百分比	0.02055
				U_{212} 内容制作数量增长百分比	0.02055
		U_{22} 传播能力	0.0814	U_{221} 4K 节目到达率	0.0407
				U_{222} 8K 节目到达率	0.0407
		U_{23} 生态建设能力	0.0608	U_{231} 智能媒体领域战略合作企业数	0.0304
				U_{232} 智能媒体领域合作项目数	0.0304
U_3 智能组织水平	0.2474	U_{31} 大数据中心建设水平	0.0594	U_{311} 数据决策支持覆盖业务环节占比	0.0594
		U_{32} 制播云平台建设水平	0.0995	U_{321} 云平台数据外部共享占比	0.0995
		U_{33} 智能管理部门设置	0.0885	U_{331} 是否设置新媒体职能部门	0.0295
				U_{332} 是否设置融媒体职能部门	0.0295
				U_{333} 是否设置智能化职能部门	0.0295
U_4 智能协同能力	0.3247	U_{41} 智能技术水平与业务能力协同性	0.3247	U_{411} 智能技术水平与业务能力匹配度	0.3247

表 7.8 智能广电建设成熟度得分及等级

机构	智能技术水平	智能业务能力	智能组织水平	智能协同能力	综合得分	最终排名	成熟度等级
A	86.1568	88.5978	89.8534	85	87.1518	1	智能优化级
B	65.2943	63.7646	93.0344	90	79.9053	2	智能适应级
C	63.8994	82.3407	86.6724	80	78.148	3	智能适应级
D	56.9708	82.3407	76.2874	90	77.1303	4	智能适应级
E	45.7684	66.3246	80.3104	80	69.2016	5	智能适应级
F	51.7557	57.8728	67.7299	80	66.0051	6	智能适应级
G	36.9709	45.8563	71.0949	80	61.0153	7	智能集成级
H	46.3147	32.0243	56.9709	90	60.5209	8	智能集成级
I	42.8126	15.5451	60.8504	90	57.603	9	智能集成级
J	42.2739	39.2523	69.2704	70	57.4059	10	智能集成级
K	40.2929	45.3085	64.7449	50	50.4176	11	智能集成级
L	25.3118	25.5873	63.336	55	44.4118	12	智能集成级
M	41.8456	30.3446	36.5749	50	41.0854	13	智能集成级
N	23.0304	31.3806	34.2359	60	39.3396	14	智能规范级
O	27.4001	3.6086	60.5694	70	38.5861	15	智能规范级
P	29.7457	34.7486	30.2129	50	37.3579	16	智能规范级
Q	22.9986	23.6476	46.1614	30	31.1237	17	智能规范级
R	17.7032	22.0463	41.7547	37.2727	30.8056	18	智能规范级
S	7.2164	2.8219	47.2874	50	30.217	19	智能规范级
T	22.0286	11.166	42.9369	30	27.8007	20	智能规范级
U	15.5861	29.7356	32.5591	20	23.8118	21	智能规范级
V	34.174	16.4868	15.063	20	21.605	22	智能规范级
W	12.2691	12.5336	30.2129	20	19.2683	23	智能萌芽级
X	0.0115	0	23.8509	0	5.9035	24	智能萌芽级

由表7.8可知,在24家样本机构的智能广电建设中,有2家机构的智能广电建设处于智能萌芽阶段,9家处于智能规范阶段,7家处于智能集成阶段,5家处于智能适应阶段,1家处于智能优化阶段。总体而言,样本中智能广电建设水平主要集中于智能规范级和智能集成级阶段。本案例所选样本具有一定的代表性,可以初步判断我国智能广电建设水平正逐步提升,其概念、核心技术和建设内容明确,各地正积极推进智能广电建设目标和建设方案,智能化信息技术在智能广电建设中逐步得到规模化应用,不断与智能广电各项业务融合,对智能广电的业务能力的积极作用越发显

著。综观整体得分情况,各媒体机构智能广电建设能力和水平差异较大,最高得分为 87.1518,最低得分为 5.9035,发展很不均衡。另外,智能协同能力相比于其他 3 个关键过程,重要程度虽高,但拉低各智能广电建设成熟度得分的是智能技术水平和智能业务能力,这进一步说明了智能技术水平和智能业务能力的重要性不能忽视,也从侧面说明了智能广电建设在智能技术水平和智能业务能力方面亟须得到改善与提高。

7.5 本章小结

在智能媒体管理的研究中,智能媒体成熟度是影响其管理水平的关键因素之一。不同机构对智能媒体建设的重视程度、智能媒体建设周期等方面存在差异,使得智能媒体的建设水平存在一定差距,且因缺乏统一的评价标准,各机构难以衡量不同智能媒体的成熟度。因此,为了更好地研究智能媒体管理,并进一步推动智能媒体建设,构建一套切实可行、客观的智能媒体成熟度评估系统至关重要。该系统可以提供一种有效的工具,帮助了解不同智能媒体的建设情况,识别其优势和不足,并为推动智能媒体的持续发展提供科学依据。

本章介绍了成熟度的概念、智能媒体成熟度评价指标体系的构建、智能媒体成熟度评估模型的建立以及智能媒体成熟度评估的案例。在构建评价指标体系时,首先,以成熟度定义和成熟度模型为理论基础,我们坚持科学性、导向性、普适性、可操作性和客观性等多项原则,基于扎根理论方法提取评价指标,构建出了智能媒体成熟度评价指标体系。其次,应用 AHP(层次分析法),结合媒体智能化的评估总目标和媒体本身的特点,我们将问题层层分解,建立层次结构模型,通过定性和定量相结合的方法确定了各因素的重要程度,并建立了智能媒体成熟度评估模型。最后,我们通过分析"智能广电建设成熟度评估"的案例,详细展示了智能媒体评估模型的构建过程,并给出了利用该模型对部分机构进行实际评估的结果。

参考文献

［1］GLASER B G,STRAUSS A L. The discovery of grounded theory:stategies or qualitative research［J］. Nursing research,1967,3(4):377-380.

［2］张敬伟,马东俊.扎根理论研究法与管理学研究［J］.现代管理科学,2009(2):115-117.

［3］张婵.扎根理论及其在新闻传播学中的应用［J］.西南交通大学学报(社会科学版),2019,20(2):55-64.

［4］费小冬.扎根理论研究方法论:要素、研究程序和评判标准［J］.公共行政评论,2008(3):23-43,197.

［5］王丹."AI合成主播"的发展与双效推进策略［J］.传媒,2019(23):50-52.

［6］刘刚.IP化信号传输系统在广电网络的应用［J］.电视技术,2012,36(6):29-31.

［7］段鹏.智能传播环境下广电媒体业务与服务模式创新路径探析［J］.中国电视,2019(12):64-69.

［8］王虎,陈小萍.人工智能赋能广电供给侧结构性改革的路径［J］.电视研究,2020(10):23-26.

［9］谭文婕.智慧广电建设成熟度评价研究［D］.北京:中国传媒大学,2023.

附录 开放性编码结果

附表 开放性编码结果

概念化类属	独立范畴
4K节目内容制作、4K节目全链条建设、4K制作系统、4K技术体系建设	4K技术制作节目能力
探索8K节目生产、8K节目全链条建设、8K编码器、8K制播解决方案	8K技术制作节目能力
VR技术创新节目形态、VR增强用户体验、VR技术制作作品、AR增强用户体验、AR技术创新内容生产、培育AR视听产品、MR技术创新节目形态、发展沉浸式环绕声广播、制作沉浸式环绕内容、三维全景声技术应用、虚拟技术包装节目	虚拟技术制作节目能力
大数据技术创新内容生产、云计算技术创新内容生产、智能剪辑方案、AI改造生产流程、智能编辑系统、AI生成媒体内容、AI修复经典剧目	智能制作技术应用
AI技术集成素材、AI技术采集信息、AI技术智能抓取、3D扫描采集数据、大数据技术汇聚信息、物联网应用自动化采集、移动采集设备、智能汇聚工具	智能采集技术应用
AI技术智能选题、AI创新节目形态、大数据技术确定选题	智能策划技术应用
AI技术管理媒资、智能云媒库、媒体资源数据库、媒体内容资源池、资源管理系统、一体化媒资系统、虚拟资产管理	媒体资产库建设情况
5G技术部署、5G传输优势、5G业务平台建设、"5G+"使用场景、5G特色产品实践	5G技术应用
支持IPv6访问、IPv6规模化部署、IPv6改造试点、IPv6建设项目	IPv6技术应用
推进区块链应用实践、区块链技术部署、区块链平台搭建	区块链技术应用
物联网生态链建设、物联网解决方案、物联网应用实践、物联网技术部署、物联网平台建设	物联网技术应用
云计算技术部署、云计算中心建立、云计算技术完善数据处理、云计算技术统筹资源、云计算技术构建平台架构、云计算技术存储数据	云计算技术应用
大数据技术部署、大数据融合分析、大数据应用服务	大数据技术应用
AI技术审核内容、自动监测敏感信息、大数据技术校对内容、大数据技术实时内容审核、算法自动标注节目异态、智能内容审核系统	智能内容监管能力

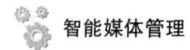 智能媒体管理

续表

概念化类属	独立范畴
智能监测监管规模、精准式监测监管、提高数据灾备能力、智能运维工程、监管信息安全隐患、一体化监测监管、监测监管系统、安全播出预警、威胁情报系统、智能巡查系统、智能故障定位与预警、自动排障系统、量化评估安播能力、安全播出指挥调度平台、智能化管理平台、故障告警系统	智能风险预警能力
AI 播报应用、虚拟主持人系统、播报数字人、机器人手语方案、动画手语应用、机器主持人、AI 记者助理	虚拟主播应用
个性定制服务、精准服务用户、针对用户精准画像、提高用户体验、智能预测推荐、内容精准有效传播	个性化推荐应用
向 IP 化技术架构演进、IP 化技术部署、IP 信号传输	IP 化信息传输技术应用
光纤传输网络、光纤到户工程	光纤化改造情况
广电网络双向化改造	双向网络建设情况
推动数字广播发展、加快数字化转型	信号数字化情况
直播卫星服务效果、直播卫星覆盖规模、直播卫星设施更新、卫星技术应用部署	直播卫星技术应用
多网融合传输、"一张网"传输模式、无线智能综合覆盖网、下一代广播电视网、广电网络整合、新型覆盖服务体系、一体化智能传输网络	智能综合覆盖网建设情况
移动端服务用户、移动端升级迭代、落实移动优先策略、移动传播平台建设、运营移动 App 应用、开展 App 应用开发、增加客户端下载量、综合智能客服系统	移动客户端建设情况
产品形式多元化、内容产品多媒体化	产品建设能力
交互式网络电视（IPTV）、高清机顶盒、数据通信终端、智能家庭信息终端、信息服务终端、研发广电智能终端、智能电视终端、OTT 机顶盒、多功能融合终端、移动智能终端	智能终端建设情况
AI 技术提升节目生产效率、云平台提升内容制作效率、智能生产体系提高内容生产效率	内容制作效率提升水平
4K 节目播出、4K 内容传输、4K 视频业务、4K 终端部署、4K 覆盖规模、4K 高清用户	4K 节目传播水平
8K 节目传输	8K 节目传播水平
合作社会领域、对接社会资源、合作三大电信运营商	跨领域合作情况
创新实验室建设、建设科学技术标准、知识产权申请和保护、研发投入、产学研深度融合、攻关核心技术能力、合作科研机构	科技创新能力
区域性新型媒体建设、与新媒体融合发展、媒体融合横向合作、媒体融合跨国延伸、媒体融合上下联动	智能媒体领域合作情况
一体化公共服务平台、助力公共服务体系建设、家庭生活服务能力、党务管理系统建设、发挥信息服务功能、应急指挥系统建设情况、助农惠民服务能力、政务服务能力、社会保障服务能力、社会治理服务能力、文娱教育服务能力、服务社会领域、"智能广电+"应用场景	公共服务能力

续表

概念化类属	独立范畴
数据组织能力、数据治理能力、挖掘数据价值、数据辅助决策平台、数据可视化分析、数据收集分析研判、大数据应用能力、数据支持决策工作、数据存储能力、海量数据汇聚能力、数据处理能力	数据支持决策水平
一体化技术平台、云平台间互联互通、内容聚合共享平台、用户互动平台、虚拟化技术整合资源、云端专属资源池、云服务管理平台、智能媒体云平台、云信息服务平台、业务运营支撑云平台	云平台资源整合共享
融媒体中心建设、融媒体事业部、全新融媒体机制	融媒体部门设置
智能技术与业务融合并进	智能技术与业务能力匹配情况